TISCHKULTUR

JULIA DETTMER

TISCHKULTUR

GROSSARTIGE GASTGEBER

UND

AUSGEZEICHNETES DESIGN

CALLWEY

INHALT

PRODUKTE

Autorin Julia Dettmer, fotografiert von Lisa Hantke

VORWORT

Gastgeber sein – das klingt sehr elegant, nach viel Spaß und sogar ein bisschen mondän. Mit dieser Beschreibung hatte die Gastgebererfahrung, mit der ich dieses Vorwort beginne, kurioserweise aber leider gar nichts zu tun.

Das Debakel ereignete sich im Sommer 2019. Mein Mann und ich hatten etwa 50 Freunde zu einem Sommerfest eingeladen, bei dem auch mein Geburtstag gefeiert werden sollte. Grillen, anstoßen, gute Gespräche führen, den Sommer genießen, so hatte ich mir das vorgestellt. Doch diese sonnige Vision wurde leider immer blasser, je näher der große Tag rückte.

Anstatt leichtfüßig und bester Dinge in die Vorbereitungen zu gehen, füllte sich plötzlich ein ganzer Schreibblock mit To-dos, die unbedingt erledigt werden mussten. Getränke bestellen, Styroporboxen für das Eis besorgen, Essen einkaufen, backen, kochen, dekorieren, wischen … mir schwirrte der Kopf, ich wurde immer nervöser und erledigte wie ein Roboter eine Aufgabe nach der anderen.

Dann der Super-Gau: Irgendwann erwischte ich mich beim Gedanken „Ach, wenn ich das Fest doch schon abgehakt hätte". Da wurde ich stutzig. So sollte sich das nicht anfühlen! Mein Geburtstagsfest durfte keine Pflicht sein! Hier lief etwas gehörig falsch.

Mein Mann, der mich und meinen Stress gut kennt und ausbalancieren kann, öffnete am Abend vor der Party eine Flasche Wein, schenkte uns zwei Gläser ein und bat mich, einmal tief ein- und auszuatmen: „Entspann dich, läuft doch alles. Du musst es schon auch ein bisschen genießen", sagte er beruhigend. Ich tat, wie mir geheißen, atmete die Nervosität aus und beschloss, ab jetzt wirklich Spaß zu haben.

In diesem Moment ging mir ein Licht auf und mir wurde klar, was für eine tolle Feier neben Leckereien und Musik wirklich essenziell ist: dass die Gastgeber ihre Rolle genießen können. Wem nützt die bis ins Detail perfekt ausgestaltete Veranstaltung, wenn man die Initiator kaum zu Gesicht bekommt, weil sie wie von der Tarantel gestochen herumhetzen und die ganze Zeit nur am Arbeiten sind? Hektik kann das ganze Spektakel verderben, und zwar nicht nur den Gastgebern, sondern auch den Geladenen.

Als ich die Protagonisten für dieses Buch interviewte, war ich besonders gespannt auf ihre Erfahrungen und Tipps. Und siehe da, was ich damals bei meinem Sommerfest gelernt hatte, bestätigten auch sie mir einstimmig: Mit Freude dabei sein ist das A und O, und das gelingt, indem man gut plant und die Vorbereitungen als Teil des Ganzen sieht und genießt.

Stimmungsgranate Barbara Becker, bekannt für ihre rauschenden Feste, verrät, wie man beim Picknick eine herrliche Atmosphäre kreiert. Schauspielerin Sabine Vitua lebt das Motto Ungezwungenheit – in der Vorbereitung und am großen Tag beim Gartenfest selbst. Auch Moderatorin Nina Ruge hilft sorgfältige Planung beim Genießen des eigentlichen Happenings. Sie startet sogar schon eine Woche vorher und ist am Vortag mit dem Gröbsten durch. Veni, vidi, vici für die Vino-Probe – quasi.

Thomas Anders und seine Frau Claudia schalten vor einem Fest direkt in den Gastgebermodus und lassen den Alltag draußen. So können sie sich voll und ganz auf ihre Gäste einlassen und die gemeinsame Zeit auch selbst genießen. Sympathisch: Bei der Salonette Insa wird in der letzten halben Stunde, bevor es klingelt, eine Flasche geköpft und auf die folgenden Stunden angestoßen. So stimmen sie und ihr Mann sich auf die Gäste ein. Und Schauspieler Michael Brandner findet, dass die Geladenen automatisch entspannen, wenn sie gut und liebevoll umsorgt werden.

Besonders faszinierte mich dann der Blick über die Schultern der Spitzengastronomen Cornelia Poletto, Marie-Anne Wild und Mathieu Mermelstein. Den ein oder anderen Tipp werde ich mir hier auf jeden Fall abgucken.

Und zum Schluss war ich besonders gespannt auf das Interview mit dem Knigge-Experten Herr Mikael. Er musste ja wohl wissen, was einen guten Gastgeber ausmacht – und tatsächlich bekräftigte er das, was alle sagten: Herzlichkeit und Ruhe sind essenziell, dann lässt sich auch mal ein kleines Missgeschick charmant weglächeln.

Ich wünsche Ihnen viel Vergnügen auf dieser lukullischen Spritztour zu den unterschiedlichen Tischen unserer Gastgeber – von der Toskana bis nach Hamburg.
Lassen Sie sich für Ihr nächstes Fest inspirieren und machen Sie bloß nicht denselben Fehler wie ich. Sie dürfen Ihr Fest genießen und sich damit ganz Ihrer Gastgeberrolle hingeben.

Herzlichst
Ihre
Julia Dettmer

JU RY & PART NER

JURY

THOMAS KASTL

MESSE FRANKFURT AMBIENTE

MIKAEL HORSTMANN

DEUTSCHES MUSEUM FÜR KOCHKUNST UND TAFELKULTUR

SUSANNE HEIDUCZEK

EK/SERVICEGROUP EG

MAG. ALEXANDRA GORSCHE

FALSTAFF PROFI

RITA BREER

P&G – PORZELLAN, GLAS, KOCHEN, SCHENKEN

ANGELIKA MÜLLER

H.O.M.E.

CHRISTINA BARTON-VAN DORP

GPK – HANDELSVERBAND KOCH- UND TISCHKULTUR

PARTNER

PRO TAGO NIS TEN

MICHAEL BRANDNER

PASTA AL BRANDNER

In „Hubert ohne Staller“ spielt er Reimund Girwidz, einen Genussmenschen. Der ist Michael Brandner auch privat: Also lassen Sie es sich schmecken – bei Pasta al Brandner!

Oben: *Zum bunten Nudelgericht reicht ein Strauß farbenfroher Blumen als Dekoration.*

Rechts: *Knallige, pinkfarbene Kissen und Polster unterstreichen die fröhliche Stimmung zu Tisch.*

Seine Leidenschaft fürs Kochen entdeckte Michael Brandner ungefähr zu dem Zeitpunkt, als er zu Hause mit 19 Jahren auszog. Seitdem liebt es der Charakterdarsteller, Gäste zu empfangen: „Ich habe schon immer gerne gekocht und wer gerne kocht, der hat meist gerne Gäste. Man möchte ja nicht nur für sich allein kochen, obwohl mir das auch Freude macht."

Wenn er Gäste empfängt, klingt das nach einer Menge Spaß – und nach einer Menge Essen: „Es gab schon den Ausdruck ‚Bewirtungsterrorismus', weil ich so viele Gänge gekocht und damit die Kapazität der Mägen meiner Gäste doch sehr strapaziert habe", erzählt er lachend. Dabei wird es nie langweilig, denn Michael Brandner lässt sich immer etwas Besonderes einfallen: zum Beispiel „Pasta Bavaria" mit Linsen und Kraut. Und seine Gäste können sicher sein, bei ihm gut versorgt zu werden.

Damit alles gelingt, baut er auf die Unterstützung seiner Gattin Karin und seiner drei Kinder. In Gesellschaft kochen macht doch einfach mehr Freude: „Ganz allein koche ich natürlich auch, das ist kein Problem für mich, aber es macht mehr Spaß mit anderen zusammen. Auch mit Freunden zu kochen liebe ich sehr."

Im TV spielt er meist echte Charakterköpfe – und auch in der Küche schlüpft Michael Brandner mal in diese, mal in jene Rolle, wie er zugibt: „Manchmal bin ich sehr konzentriert, und manchmal lasse ich einfach alles vor sich hin laufen. Ich bin nie immer gleich gelaunt, aber im Grunde entspannt es mich. Beim Kochen höre ich immer Musik, wenn ich alleine koche, sogar richtig laut."

Jawoll, mit Schmackes – so kocht Brandner. Die Hände sind sein wichtigstes Werkzeug, mit ihnen gräbt er den großen Topf Pasta um, wobei sich die Aromen so richtig entfalten können. Wer das Glück hat, mit ihm in der Küche zu plauschen, kann sich schon

mal drauf gefasst machen, dass ihm einfach ein Stück zum Kosten in den Mund geschoben wird. Man möchte fast von einem sinnlichen Kochspektakel sprechen.

Jetzt lassen wir uns aber aus der Küche endlich zu der unfassbar romantischen Location mitnehmen, wo er als Gastgeber zur Pasta-Party einlädt: einer kleinen Residenz am Starnberger See südlich von München. „Die Residenz samt altem Bauernhof aus dem 19. Jahrhundert mit einem winzigen, wunderschönen Gärtchen gehört einer Freundin von uns, bei der wir im Sommer viel Zeit verbringen", erklärt er begeistert.

Damit es ein heiterer Abend wird, hat Michael Brandner die Gästeliste so zusammengestellt, dass die Geladenen miteinander harmonieren und man davon ausgehen kann, dass sie sich etwas zu erzählen haben und aneinander interessiert sind. Dabei ist es gar kein Widerspruch, auch Gäste einzuladen, die sich zuvor noch nicht begegnet sind. Im Gegenteil, das sorgt für viel neuen Gesprächsstoff.

Aufgetischt werden eine leckere Vorspeise und ein Nudelgericht, denn der Gastgeber hegt eine ganz besondere Liebe zu Pasta in jedweder Form. Ansonsten kocht er gerne alles: „Querbeet! Ich habe nicht wirklich eine Richtung. Ob es verschiedene Länder sind oder ob es vegetarisch, vegan oder mit Fleisch und Fisch ist, mich interessiert die gesamte Küche.“ Im Gegensatz dazu gibt es bei den Getränken im Hause Brandner eine gewisse Vorliebe: „Gute Weine, gutes Bier, da lege ich besonderen Wert drauf. Ich habe aber eine herrliche Sammlung von Schnäpsen, mit denen man das dann noch perfektionieren kann, und bereite gerne gute Aperitifs vor“, zählt er auf.

Damit dem Essen die Hauptrolle zukommt, verzichtet er auf üppige Deko oder laute Musik. Ein bisschen verziert werden die Tische schon und mit den Paper Kites oder klassischer Musik untermalt er die Stimmung, aber nichts soll vom eigentlichen Thema ablenken. Da hat auch eine steife Garderobe nichts zu suchen, findet Brandner: „Ich trage leger-elegant, ein Jackett, dazu aber eine weiße Jeans. Der Dresscode ist sommerlich entspannt.“ Na dann, alla salute!

3 TIPPS

für die perfekte Teatime

1

Ich verwende frische Kräuter, die ich selbst ziehe. Das ist nicht schwer, die meisten machen nur den Fehler, dass sie zu viel gießen. Mit nassen Füßen ist keine Pflanze glücklich. Kräuter sind nicht wie Blühpflanzen, die bei zu viel Sonne direkt eingehen – die Maxime lautet also wirklich: nicht zu trocken und bitte nicht zu nass.

2

Immer beste Zutaten „erwischen", das heißt, an den richtigen Tagen einkaufen und gute Gemüsehändler kennen. Fisch kauft man nicht am Montag oder Dienstag, sondern zum Wochenende, weil die Fischhändler dann ihre frische Ware haben. Gemüse kaufe ich am liebsten auf Bauernmärkten, denn da gibt es eine hohe Garantie, dass man frische Ware bekommt. Die Bauern holen das Gemüse teilweise sogar morgens erst aus dem Boden. Aber Achtung: Wenn am Gemüsestand schon am Morgen die Ware mit Wasser nass gemacht wurde, dann hat die über Nacht schon gestanden und soll jetzt nur möglichst frisch aussehen.

3

Wenn die Gäste kommen, werden sie erst mal liebevoll empfangen: Dazu serviere ich einen guten Aperitif – zum Beispiel was Prickelndes –, den man ganz entspannt im Stehen einnehmen kann. Dazu gibt es als kleinen Gruß aus der Küche ein „Magentratzerl", wie der Süddeutsche sagt: ein bisschen Brot, mit Knoblauch geröstet, oder leicht angegartes Gemüse, damit der Magen schon mal vorgewärmt wird.

„Manchmal bin ich sehr konzentriert, und manchmal lasse ich einfach alles vor sich hinlaufen. Ich bin nie immer gleich gelaunt, aber im Grunde entspannt es mich. Beim Kochen höre ich immer Musik, wenn ich alleine koche, sogar richtig laut.“

MARIE-ANNE WILD

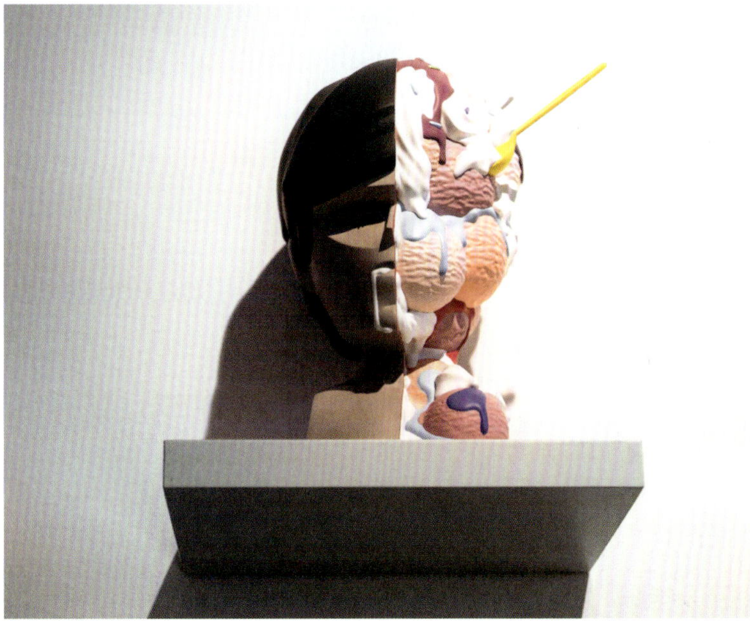

ZU HAUSE IM STERNERESTAURANT

Marie-Anne Wild empfängt ihre Gäste mit prickelndem Champagner auf der großen Bühne und doch ganz bei sich daheim – denn das Sternelokal Restaurant Tim Raue ist ihr zweites Zuhause.

Die Porzellanserie Kolibri hat Tim Raue in Kooperation mit ASA Selection entworfen.

Berlin-Kreuzberg – früher ein brenzlig-heißer Hauptstadt-Spot, heute für seine noblen Sternerestaurants bekannt, in denen nichts anbrennt. Ins bekannteste lädt Geschäftsführerin und Mitinhaberin Marie-Anne Wild heute ein: „Willkommen im Restaurant Tim Raue!", begrüßt sie uns herzlich.

Das Interieur ist betont schlicht und von der urbanen Atmosphäre der Großstadt geprägt. Der Boden ist aus gegossenem Asphalt, den Gastraum erhellt eine klassische Galeriebeleuchtung, und die Designermöbel wie der ikonische Eames Chair wirken fast wie Exponate einer Ausstellung. „Das alles in Kombination verkörpert für mich den rohen Charakter von Berlin-Kreuzberg", verdeutlicht Geschäftsführerin Marie-Anne Wild. Diese Kontraste unterstreichen den heutigen Zeitgeist und das, was hier in der Luft liegt: gehobene Gastronomie.

Präsentiert wird sie uns jetzt von der Geschäftsführerin persönlich. Wild ist für ihren besonders liebenswürdigen Service bekannt, charakterisiert sich selbst dabei aber als zurückhaltende Gastgeberin, die es durch eine sehr feinfühlige und offene Art schafft, nicht nur ihre Gäste, sondern auch ihre Mitarbeiter für ihr Konzept zu begeistern: die außergewöhnliche Kombination aus urbaner, moderner asiatischer Küche mit ausgesuchten Weinen. „Meine Mitarbeiter, sowohl im Service als auch in der Küche, erschaffen zusammen eine entspannte und heitere Atmosphäre ohne künstliche Zwänge wie Dresscodes", verbindet Wild die Stimmung hinter den Kulissen mit dem Gefühl im Restaurant.

Normalerweise gibt es keinen Dresscode. Wild selbst zieht für besondere Anlässe wie unseren heutigen Besuch aber immer etwas an, in dem sie sich schön fühlt, gerne ein Kleid. Dafür findet sie auch einen passenden Vergleich: „Es ist wie mit einem Glas Champagner, das Gefühl der Freude und der Atmosphäre, die damit einhergehen, sind etwas Schönes. Ich genieße es, das zu zelebrieren."

AMBASSADE OFFICIELLE
DE LA MAISON
KRUG
restaurant
TIM RAUE
eingang | entrance
100
BEST
CHEFS
Wine Spectator
BEST OF
AWARD OF
EXCELLENCE
2020
Restaurant Tim Raue

Genau wie das Kochen selbst zu Hause. Das fühlt sich für die Spitzengastronomin sogar wie ein Kurzurlaub an, der sie sehr entspannt. „Keine Ablenkung durch digitale Medien oder E-Mails und so weiter", sagt sie und atmet tief mit geschlossenen Augen durch. Wenn das Essen fertig gezaubert ist, darf es aber gerne in Gesellschaft mit ihren Freunden und Nachbarn genossen werden, „denn Essen verbindet ja bekanntlich und spendet Lebensenergie".

Das A und O beim Kochen sind für Wild eine gute Vorbereitung (in der Fachsprache als „Mise en Place" bekannt) und ein sehr gutes Zeitmanagement. Listen für Einkäufe und Dekoration helfen dabei. So sei man rechtzeitig mit allen Vorbereitungen fertig, könne seine Gäste frisch und entspannt willkommen heißen und ihnen die volle Aufmerksamkeit zukommen lassen.

Den Wein serviert Marie-Anne Wild in Gläsern von Zwiesel.

„„Für mich persönlich ist ein Glas Champagner immer ein passendes Getränk, weil man es zum Beispiel auch am Mittag genießen kann, ohne dass es müde macht oder den Appetit verdirbt. Es ist dieses gewisse Etwas, das ein Glas Champagner für mich bedeutet. Es steht für Lebensfreude, Genuss, Atmosphäre, Kurzurlaub und Geselligkeit.‘ Auf genau diese Kombination freuen wir uns jetzt!"

Und während in der Küche des Restaurants das Essen vorbereitet wird, kommen wir bereits in den Genuss von Wilds Gastfreundschaft. Sie hat im Restaurant alles ganz nach ihrem persönlichen (guten) Geschmack gestaltet. Dazu gehören neben dem stilvollen Mobiliar auch die außergewöhnlichen Kunstwerke im Raum und sogar die individuell angefertigten Blusen und Hemden des Serviceteams. Bei besonderen Anlässen, wie ihrem Ladys-Lunch, lässt sie sich außerdem bei den Blumenarrangements nicht lumpen und dekoriert sehr großzügig. „Das erzeugt eine lebendige Atmosphäre und unterstreicht den besonderen Charakter der Veranstaltung", führt sie fort. Da rücken die Köstlichkeiten beinahe in den Hintergrund, einmal aufzählen wollen wir die acht extravaganten Vorspeisen dann doch:

1. Chinese fried Walnuts, Muskatblüte, Zimt, Sternanis
2. Schweinebauch mit Szechuan-Marinade
3. Pulpo, Holzkohle-Mayonnaise, Yuzu
4. Portulak, Limettendressing, Crème fraîche
5. Grünes Curry-Marshmallow, Kokosgel, peruanische Minze
6. Grapefruit, Timutpfeffer-Baiser
7. Fischfond, Sellerie, Mandarine
8. „Falsche Edamame"-Sugar-Snap, Edamame-Püree, Limettenöl

Zu diesen besonderen Köstlichkeiten sucht Wild natürlich auch passende Weine und Champagner aus. Letzterem hat sie aus Liebe zu diesem sogar einen eigenen Podcast gewi(l)dmet: In „Auf ein Glas Champagner mit Marie-Anne" unterhält sie sich eine Stunde lang mit anderen spannenden Frauen aus den verschiedensten Bereichen der Gastronomie.

3 TIPPS

für das perfekte Get-together von, bei und mit Marie-Anne Wild

1

Champagner: Er passt immer, macht nicht müde und addiert das gewisse Etwas an Genuss und Lebensfreude zu einem gelungenen Essen. Tagsüber trinke ich am liebsten etwas Frisches und Leichtes, abends zum Dinner dann gerne einen kräftigeren und gehaltvollen Champagner, der gut zum Essen passt. Für den optimalen Genuss sollte er eine Temperatur von 8 bis 10 Grad Celsius haben. Beim Genießen gilt jedoch: Je dünnwandiger das Glas, desto besser kommt die Temperatur des Champagners oder Weins zur Geltung. Wichtig ist, dass das Glas sich nach oben hin verjüngt, denn das sorgt dafür, dass die feinen Aromen des Champagners gebündelt und direkt zur Nase weitergeleitet werden. Also bitte Finger weg von der klassischen Sektschale, hier gehen nicht nur die Aromen verloren, sondern die Form verhindert auch das Aufsteigen der feinen Perlage, und auch hier verliert der Champagner dann an Lebendigkeit.

2

Humor hilft ungemein: nicht alles so schwernehmen und im Falle eines kleinen Missgeschicks, das wirklich jeden Gastgeber ereilen kann, mit Humor und einem Augenzwinkern reagieren.

3

Gute Gläser: Wir arbeiten ausschließlich mit den Gläsern von Zwiesel Glas. Sie sind mundgeblasen und unterstreichen damit den individuellen Charakter eines jeden Weins. Weinliebhaber wählen unterschiedliche Glasformen, weil diese entscheidend für die Entfaltung der Aromenvielfalt eines Weins sind. Weißweingläser sind meist schmäler als Rotweingläser, da so die viel filigraneren Aromen des Weißweins besser gebündelt werden. Zudem müssen hier oft weniger Gerbstoffe mit Sauerstoff reagieren. Tanninreiche und komplexe Rotweine, aber auch gehaltvolle und dichte Weißweine brauchen einen weiten, bauchigen Kelch, denn hier ist der Kontakt zum Sauerstoff essenziell.

BARBARA BECKER

BOHO-PICKNICK AM MEER

Sie ist für ihre gelungenen Partys bekannt und hat selbst noch keine einzige schlechte erlebt. Beim Boho-Picknick am Meer genießt Barbara Becker das Leben und zelebriert den Moment.

Die einzigartige Picknickdecke hat Barbara Beckers Tante vor 40 Jahren handgefertigt.

Seit über 20 Jahren lebt Barbara Becker in ihrem persönlichen Paradies Miami. Hier in ihrer Luxusvilla auf den Venetian Islands hat sie schon unzählige Partys geschmissen und genießt es, dabei die unterschiedlichsten Menschen zu versammeln: „Ich bin tatsächlich für schöne, große Partys bekannt und habe in meinem Haus am Meer in Miami auch die Räumlichkeiten dafür. Ich liebe es, komplett unterschiedliche Leute zusammenzubringen, von denen danach jeder neue Freunde gefunden hat." Zeit miteinander zu verbringen, gemeinsam den Moment und das Leben zu zelebrieren – das erfüllt das Multitalent. Barbara Becker ist erfolgreiche Unternehmerin, Model, Designerin, Schauspielerin und Buchautorin. Klar, dass sie die spannendsten Gästelisten aus dem Ärmel schütteln kann, schließlich kennt sie interessante Persönlichkeiten aus der ganzen Welt. Künstler, Musiker, Schauspieler gehen bei ihr ein und aus.

„Ich habe zwei, drei Keyplayer, die oft dabei sind. Den Rest überlasse ich gerne dem Flow. Ich gucke, wer gerade in der Stadt ist, zum Beispiel während der Art Basel. Oft kochen und essen dann die unterschiedlichsten Leute zusammen, und man lernt unglaublich viel über- und voneinander", erzählt die erfolgreiche Buchautorin („Five Days Only – Die Revolution des Fastens" und „Mama allein zu Haus"), und man sieht ihr die Freude über viele bereichernde Begegnungen an.

Damit ihre Feste nicht zum Stressfaktor werden, holt sie schon bei der Organisation Freunde mit ins Boot. Dann stecken sie die Köpfe zusammen, machen Listen und bereiten alles in familiärer Atmosphäre vor. Der Weg ist das Ziel! Ob wildes Potluck oder stringentes Thema, Barbara Becker geht es ums Zusammenkommen: „Entweder machen wir ein Potluck, bei dem einfach jeder was mitbringt. Dann probieren wir uns durch die herrlichsten Gerichte und teilen die Geschichten dazu. Oder wir suchen uns ein Thema aus." Essen, Deko, Musik – alles wird aufeinander abgestimmt.

Und welche Happen kommen nun mit zum Picknick-Happening? „Man braucht leckere, einfache Gerichte, die man entspannt vorbereiten und dann mit den Fingern essen kann: kleine Sandwiches, Fried Chicken, fermentierte Sachen wie Kimchi oder Gurken, was zum Knabbern. Auf jeden Fall sollte sich das Essen gut portionsweise austeilen lassen und ein paar Stunden im Picknickkorb überstehen", rät Barbara Becker.

Der Picknickkorb ist ein 30 Jahre alter Vintage-Schatz von Hermès. Die prächtigen Sektkelche hat Barbara Becker in Venedig erstöbert, die aufwendig bemalten Teller bei einer Auktion ergattert.

„Aber auch die Gäste sollten zusammen funktionieren: ‚Man muss ja nicht immer befreundet sein, aber es ist schön, wenn man sich gegenseitig inspiriert. Da haben sich schon Freunde fürs Leben, Paare und Arbeitskollegen gefunden.'"

Zu einem gelungenen Picknick gehört aber natürlich noch mehr. „Die Picknickdecke selbst gibt ja schon den Rahmen vor. Darauf sitzen alle auf Augenhöhe, man rückt näher zusammen und kann sich einfach ungezwungen miteinander unterhalten", beschreibt sie das Picknick auf der Decke. Ihre wunderschöne Boho-Decke ist ein Stück von besonderem Wert, denn Beckers Tante hat sie vor etwa 40 Jahren handgefertigt.

Damit das Sitzen auf der Decke nicht so schnell unbequem wird, hat die Fitnessbegeisterte übrigens noch ein paar Tipps aus eigener Erfahrung: „Meine Hüfte ist nicht so beweglich. Regelmäßiges Stretchen oder Aufstehen hilft." Wer Barbara Becker schon einmal auf einer Party erlebt hat, kann bezeugen, dass sie sich mit dem Stillsitzen schwertut, sobald die Musik läuft. Dafür hat sie allerdings schmunzelnd eine Erklärung parat: „Die Leute denken dann: ‚Mein Gott, jetzt muss sie schon wieder tanzen.' Aber das ist ein Reflex."

Neben der Picknickdecke bringen auch die restlichen Accessoires eigene Geschichten mit: „Ich muss gestehen, dass ich eine große Sammlerin bin. Ich habe fünf verschiedene Picknickkörbe – vom klassischen, handgeflochtenen Weidenkorb bis zum modernen Designobjekt. Ich liebe es, wenn die Dinge auch eine Geschichte erzählen." So erstöberte sie die prächtigen bunten Sektkelche mit den goldenen Verzierungen vor 30 Jahren in Venedig. Die filigran bemalten Teller mit dem B drauf stammen aus dem 19. Jahrhundert und wurden bei einer Auktion erobert. Man merkt Barbara Becker die Liebe zum Detail an: „Ich bin verliebt in Handarbeit und empfinde eine große Ehrfurcht vor dem Handwerk. Deshalb wertschätze ich die Dinge, indem ich sie gerne verwende, aber auch gut auf sie aufpasse. Diese Stücke sorgen dann für Gesprächsstoff, denn sie begleiten mich oft schon Jahrzehnte meines Lebens", schwärmt sie.

Ihr selbst ist der Gesprächsstoff noch nie ausgegangen: „Ich war noch nie auf einer schlechten Party, ich finde immer jemanden, mit dem ich mich gut unterhalten kann und mit dem die Atmosphäre stimmt. Man sollte den Moment wertschätzen und nutzen. Dankbarkeit ist das Stichwort", resümiert sie.

3 TIPPS

für ein gelungenes Picknick

1

Auf jeden Fall ein Musik mitbringen oder sogar Musikinstrumente. Das lockert die Stimmung auf und sorgt dafür, dass sich die Gäste ein bisschen bewegen und nicht die ganze Zeit wie angeklebt auf der Decke sitzen.

2

Ich würde auch immer einen kleinen Regenschirm mitnehmen. Ein Picknick kann ja durchaus auch mal länger dauern, und wenn das Wetter umschlägt, ist man auf der sicheren Seite. Außerdem kann der Regenschirm auch als Sonnenschirm fungieren.

3

Man sollte schon die Vorbereitungen genießen und nicht total im Organisationsstress versinken. Es ist doch schade, wenn man im entscheidenden Moment schon so müde ist, dass man ihn gar nicht mehr richtig genießen kann. Der Weg ist das Ziel, die Veranstaltung selbst ist nur der krönende Abschluss.

DR.
FABIAN RIEDEL

SENSATIONELLES SEAFOOD AUS BAYERN!

Vor den Toren Münchens züchtet Dr. Fabian Riedel nicht etwa Rinder, sondern hochwertigste bayerische Garnelen. Beim entspannten Dinner lässt er uns in seine Seafood-Welt mit eintauchen.

Klarheit trifft auf einen Hauch von Farbe: Serviert wird auf schlichten Tellern von Hering Berlin, mit Besteck von Christofle. Zum Anstoßen wählt Dr. Fabian Riedel Gläser von Zalto.

Lässig wendet er die kleinen Sardinen im Mehl, bevor er sie in die heiße Pfanne gleiten lässt, um sie wenig später als Willkommenssnack zu servieren. Und genauso leichtfüßig wie diese Szene verläuft der ganze Abend mit Dr. Fabian Riedel, dem Geschäftsführer von Crusta Nova.

2016 baute er vor den Toren Münchens die größte landbasierte Garnelenfarm in Europa. In Langenpreising bilden er und sein 30-köpfiges Team in acht Zuchtbecken das Klima der Mangrovenwälder Südamerikas nach. So können unter den perfekten Zuchtbedingungen und mit artgerechter Haltung 30 Tonnen Garnelen pro Jahr produziert werden. Momentan arbeitet Crusta Nova unter Hochdruck daran, das komplette Geschäft – das bereits nachhaltig ist – klimaneutral zu gestalten, um der Natur nicht zur Last zu fallen.

Warum genau diese Garnelen von so herausragender Qualität sind, dass nicht nur Hotels, Restaurants und die besten deutschen Supermärkte, sondern auch Sterneköche bei Riedel ordern, verrät der Gründer selbst: „Unsere Garnelen leben in sauberem Salzwasser mit optimaler Sauerstoffversorgung, bekommen hochwertiges Futter, und wir verzichten komplett auf Medikamente und Hormone."

Und in diesen Genuss kommen auch wir Otto Normalverbraucher, denn die Produkte gibt es im Onlineshop und im Crusta Nova Brandstore auf der Münchner Leopoldstraße zu kaufen. Dort hat Dr. Riedel auch den neuen Showroom gebaut, in den er uns heute einlädt. „Der Showroom ist ein Ort der Zusammenkunft und Kommunikation. Dort bringen wir unseren Kunden unser Angebot näher und verkosten regelmäßig unsere neuesten Produkte. Es gibt eine offene Showküche mit großem Küchenblock und genügend Platz für die Gäste", erklärt er das Konzept.

Der „Open House"-Gedanke ist bei Dr. Riedel Programm: „Ich möchte meinen Gästen eine schöne Zeit schenken, in der sie verköstigt werden, sich wohlfühlen und sie selbst sein können – und in der sie die Zeit am besten vergessen. Der Alltag ist dann Nebensache, wir führen angeregte Gespräche, und alles läuft unverkrampft ab." Zum Ankommen prickelt erst mal ein Glas Crémant oder Champagner und man steht zusammen um den Küchenblock herum, um mit einem Snack zu starten. „Dafür bestäube ich gerne feine Sardinen aus der Bretagne mit etwas Mehl und brate sie dann in hochwertigem Olivenöl von Muraglia in der Pfanne scharf an. Die essen wir dann ganz locker aus der Hand, der perfekte Icebreaker", so Dr. Riedel, der eigentlich studierter Jurist ist.

„Ich möchte meinen Gästen eine schöne Zeit schenken, in der sie verköstigt werden, sich wohlfühlen und sie selbst sein können – und in der sie die Zeit am besten vergessen. Der Alltag ist dann Nebensache, wir führen angeregte Gespräche, und alles läuft unverkrampft ab.“

GENAU

Damit er so souverän durch den Abend geleiten kann, bereitet er seine Dinner präzise vor, denn bei Seafood lässt sich das meiste gut planen. Er erzählt, wie er dabei vorgeht: „Wenn ich Ora-King-Lachs aus dem gradgenauen Dampfgarer von Gaggenau servieren will, liegt der Lachs schon fertig vorbereitet in einer Klimaschale, wenn die Gäste kommen. Dann muss ich nur auf den Knopf drücken, und in acht Minuten ist er fertig. Oder die bretonischen Hummer: Die gibt es bei uns im Onlineshop schon ausgelöst, und sie kommen bei 80 Grad mit einer Scheibe Butter für ein paar Minuten in den Gaggenau-Ofen. Das geht dann ganz selbstverständlich nebenbei. Auch wenn ich noch ein bisschen in der Küche herumwusele, kann ich für die Gäste da sein und wir können uns unterhalten."

Vom Tresen geht's dann weiter an den großen modularen Esstisch, der stilvoll eingedeckt ist. Auf diesem schlichten Holztisch liegen graue Ledersets aus Kalbsleder von einer kleinen deutschen Ledermanufaktur, die auch Hermès beliefert. Serviert wird auf weißem Geschirr von Hering Berlin, die Gläser stammen von Zalto, das Besteck von Christofle. Als Deko genügen kleine Blumenarrangements, weitere Farbkleckse erzeugen die rostroten Leinenservietten.

Und dann geht's los mit der Seafood-Party: Sardinen aus der Pfanne, bayerische Garnelen als Ceviche mit Leche de Tigre, norwegische King-Crab-Beine im Ganzen zum Aufbrechen am Tisch, europäischer Hummer tranchiert in der Hummerschale, Austern Rockefeller gratiniert aus dem Ofen – natürlich jeweils mit dem passenden Crusta-Nova-Weißwein serviert, ein Paradies für alle Seafood-Liebhaber und solche, die es werden wollen. Woher kommt eigentlich die vornehme Zurückhaltung der Deutschen beim Thema Fisch und Meeresfrüchte? Dr. Riedel kennt die Antwort: „Deutschland ist ganz einfach eine Fleischnation. Die Franzosen, Italiener und Spanier konsumieren dreimal so viel Seafood. Viele Deutsche haben ein bisschen Respekt davor, weil sie Angst haben, etwas kaputt zu machen. Die meisten weißfleischigen Fische kann man aber gar nicht kaputt braten, bei drei Minuten mehr passiert gar nix. Man muss sich einfach rantasten und probieren."

Wie an die Hummerschere! Dieses Werkzeug kommt nämlich zum Einsatz, wenn der Gründer einen ganzen Hummer serviert und seine Gäste zum Zerlegen animiert. Bei lässigem Jazz verliert da aber auch der zaghafteste Gast seine Scheu.

3 TIPPS

für das perfekte Seafood-Dinner

1

Gerade beim Seafood-Einkauf sollte man auf höchste Qualität achten. Den Unterschied schmeckt man einfach. Gute Qualität ist nicht abhängig vom Aggregatzustand des Fischs oder der Meeresfrucht. Wenn man Seafood kauft, welches direkt nach dem Fang mit modernen Gefriermethoden konserviert wurde, erhält man nach schonendem Auftauen garantiert die beste Qualität. Wenn man vermeintlich frischen Fisch in Auslagen kauft, sollte man besonders darauf achten und sich erkundigen, wie lange das Seafood bereits aufgetaut ist. Ein Geruchstest und eine Prüfung der Klarheit der Augen der toten Fische erlaubt Rückschlüsse auf die Qualität und das Alter nach der Tötung.

2

Vorbereitung ist das A und O: Man sollte wissen, was man servieren will, die Garzeiten kennen und alles vorbereiten, was vor Eintreffen der Gäste planbar ist. Tiefgefrorenes Seafood garantiert beste Qualitäten, wenn man das Produkt schonend auftaut. Dazu sollte man entweder das Produkt über Nacht im Kühlschrank bei 4 bis 7 Grad auftauen oder, wenn es schneller gehen muss und man sich spontan zur Zubereitung entscheidet, das Produkt unter kaltes, fließendes Wasser halten. Diese Methode wenden auch unsere Kunden aus der Spitzengastronomie an. Frischen Fisch sollte man bestenfalls unmittelbar nach dem Kauf zubereiten, da man davon ausgehen muss, dass der Fisch bereits eine weite Reise und Lagerung hinter sich hat und dementsprechend die Zeit bis zur Zubereitung nicht noch unnötig verlängert werden sollte.

3

Man sollte Spaß am Gastgeben haben. Ein herzlicher Gastgeber ist für alle ein Gewinn, und man selbst hat dann auch einen entspannten Abend, wenn man mit Freude bei der Sache ist. Wichtig ist dafür, dass man nicht versucht, allzu perfekt zu erscheinen und Missgeschicken mit einem Lachen begegnet. Der beste Gastgeber schafft es, sich zu 100 Prozent auf seine Gäste und die gemeinsamen Unterhaltungen einzulassen und das Kochen und Servieren der Gerichte als Nebensache erscheinen zu lassen. Damit entsteht automatisch eine sehr entspannte Stimmung, die sich auf alle Gäste und den Gastgeber überträgt.

SABINE VITUA

WILLKOMMEN IN SABINES ZAUBERGARTEN

Berlin pulsiert – doch mitten im Bezirk Prenzlauer Berg gibt es eine verzauberte Hinterhofoase, in die Sabine Vitua zum Gartenfest einlädt.

„Dabei nimmt sich die ‚Pastewka'-Kultdarstellerin schon mal drei Tage Zeit als Vorlauf. Ihre wichtigsten Tipps: ‚Erstens: delegieren. Mein Mann kriegt eine Einkaufsliste. Meine Freundin hat bei sich um die Ecke einen tollen Weinladen, die holt den Wein. Und zweitens: beherzt entscheiden, welche Gerichte man machen will, und dann bei diesen bleiben.'"

Links: Mix and Match: Zum klassischen rot-weiß karierten Tischtuch kombiniert Sabine Vitua gerne bunten Teller von Le Creuset.

Das, was Sabine Vitua hat, gibt es in der Berliner Innenstadt nur noch ganz selten, und jeder Nachbar würde vermutlich ein ganzes Zimmer dafür opfern: einen eigenen Garten. Die Schauspielerin weiß ihr 80 Quadratmeter großes Glück zu schätzen und veranstaltet in ihrer traumhaften Hinterhof-oase im Sommer regelmäßig Gartenfeste. Dabei kann sie es aber erst seit wenigen Jahren genießen, in die Gastgeberrolle zu schlüpfen: „Ich war immer lieber Gast. Aber irgendwann kam die Ottolenghi-Küche in mein Leben, und die finde ich so ideal für Partys. Man kann viel servieren, gleichzeitig, hintereinander, immer lauwarm und lecker. Das passt mir einfach gut, weil man schön frei herumhantieren kann", erzählt sie. Meistens lädt sie ihre Gäste für 14 Uhr zu sich. Die trudeln dann nach und nach ein, und es wird zusammen gelacht, getrunken und gespeist – den ganzen Tag, so lange man Lust hat. Ungezwungenheit ist für Vitua der Schlüssel: „Alles läuft ganz locker, jeder kommt und geht, wann er will. Das letzte Fest hat zwölf Stunden gedauert."

So ein ausgiebiges Fest verlangt natürlich auch nach der entsprechenden Organisation. Perfektionistisch sei sie gar nicht, ab und zu in der Vorbereitung aber schon etwas gestresst, wenn sie zu spät dran sei und zu viel vorhabe. Dabei nimmt sich die „Pastewka"-Kultdarstellerin schon mal drei Tage Zeit als Vorlauf. Ihre wichtigsten Tipps: „Erstens: delegieren. Mein Mann kriegt eine Einkaufsliste. Meine Freundin hat bei sich um die Ecke einen tollen Weinladen, die holt den Wein. Und zweitens: beherzt entscheiden, welche Gerichte man machen will, und dann bei diesen bleiben." Sie bereitet an den Abenden vorher bereits die Speisen zu, bei denen das möglich ist, und kümmert sich am Tag selbst dann um die Gerichte, die in den Ofen oder auf den Herd müssen.

Für draußen greift die Schauspielerin gerne zu etwas rustikaleren Sektkelchen.

Wenn es kurz vor knapp noch irgendwo hakt, darf man ihr aber auch in der Küche und im Garten zur Hand gehen: „Neulich hat meine Freundin das Auberginengericht vollendet, das ich nicht mehr rechtzeitig fertig bekommen habe, und eine andere hat schon mal die Tische abgeputzt und eingedeckt. Das läuft bei mir ganz locker", gesteht sie.

Locker geht's auch bei der Deko zu. Rotweiß karierte Tischdecken hauchen italienisches Flair auf die Tische, dazu gibt's farbenfrohe Teller von Le Creuset. Bunt und durcheinander darf es sein. Für den Garten hat Sabine Vitua spezielle Gläser, die etwas dickwandiger sind: „Die sind etwas rustikaler und passen perfekt nach draußen. Daraus trinkt man den Crémant und anschließend seinen Wein."

Deko ist in diesem kleinen Paradies kaum mehr nötig, denn darin haben sich allerlei kleine Kuriositäten angesammelt, die für nette Geschichten sorgen. „Unsere Hinterhofoase ist herrlich unperfekt. Der Boden tut, was er will, ich bringe nicht alles zum Blühen, was ich möchte. Aber das macht auch wieder den verzauberten Charme aus", erklärt Sabine Vitua. Das Zentrum der Lounge ist zum Beispiel ein künstlicher Kirschbaum, den sie einmal zum Geburtstag geschenkt bekommen hat. Der wurde kurzerhand in den Garten gepflanzt, blüht immer und ist stets für eine lustige Anekdote gut. Und es gibt ein weiteres Geschenk von Sabine Vituas Mutter, das für einen Schmunzler sorgt: die kleine Statue von einem Mädchen, das an seinem Kleid herumzupft und die Schauspielerin immer an die Schenkerin in jungen Jahren erinnert.

3 TIPPS

für das perfekte Gartenfest, die laut Sabine Vitua bitte in genau dieser Reihenfolge anzuwenden sind

1

Gute Gäste: „Ich mag es gerne, einen Kreis an Freunden einzuladen, die sich mittlerweile auch untereinander kennen, hole aber auch immer wieder andere Menschen mit dazu ... Die Mischungs macht's ... Wie auch bei den Gerichten.“

2

Gute Getränke: „Keep it simple! Es gibt Crémant, Wein, Bier und Wasser. Ich verwende Eismanschetten, damit die Flaschen auch draußen schön kühl bleiben.“

3

Gutes Essen: „Üppig und schmackhaft muss es sein, und es soll am besten nie aufhören. Ich würde keine cremigen Sachen machen, die zerlaufen draußen ja nur.“

Ja, und was gibt's denn nun in Gesellschaft dieser kleinen Dame zu essen? Achtung, bei dieser Aufzählung läuft einem schon das Wasser im Mund zusammen: „Es gibt so viele unterschiedliche Sachen, dass man sich 50 Mal holen kann. Gutes Brot, verschiedene Dips wie Hummus, gekochte Aubergine, Knoblauch, Blumenkohl, Zucchini, Honigmelone mit tollem San-Daniele-Schinken, Hackbällchen, eine schöne französische Käseplatte mit Feigen- und Cassis-Senf, Käsekuchen, Blaubeerkuchen …" Das klingt nach dem Schlaraffenland, in dem die Leckereien niemals ausgehen.

Bei ihren Gartenfesten verzichtet Vitua auf Musik, denn die angeregten Gespräche füllen die Luft. Und auch die Feste selbst hallen nach: „Es gibt immer so viel zu essen, dass die Abende nach dem eigentlichen Fest auch immer noch jemand zum Resteessen vorbeikommt." Gegen fiese Spaßverderber wie Mücken kennt die Gastgeberin übrigens zwei Geheimtipps: „Entweder das Antimücken-Spray Antibrumm oder einfach neben mich setzen, denn ich bin immer dran", verrät sie lachend. Aber gerne doch!

CORNELIA POLETTO

SHARING IS CARING

Wann hat man schon die Gelegenheit, einer Spitzenköchin über die Schulter zu schauen und sich etwas bei ihr abzugucken? Genau jetzt, bei Cornelia Poletto!

Durchatmen und ankommen – das geht ganz automatisch, wenn man Cornelia Polettos Restaurant in Hamburg-Eppendorf betritt. Die Spitzengastronomin hat kürzlich alles neu gestaltet: „Hier habe ich viel Wert auf Materialien, Farben und Licht gelegt. Nudefarbene Lehmwände aus Italien, grauer Marmor aus Carrara, korallenfarbene Bänke, und mein Herzstück ist das wunderschöne Zitronen-Bild von meiner Lieblingskünstlerin Julia Thesenfitz“, beschreibt sie ihr Refugium.

Die Hamburgerin gehört zu den wenigen Spitzengastronominnen Deutschlands. Heute ist sie 50 Jahre alt, doch alles begann bereits an ihrem 18. Geburtstag. Mit uns schweift sie zu ihren Anfängen zurück: „Ich habe schon immer gerne Gäste eingeladen – so richtig auf den Geschmack gekommen bin ich an meinem 18. Geburtstag. Da habe ich eine Party mit dem Motto ‚Ganz in Weiß mit einem Blumenstrauß' geschmissen.“ Von den Outfits bis zur Deko sei alles in Weiß gehalten gewesen – dazu dann florale Farbtupfer.

Für sie ist eine Veranstaltung dann am gelungensten, wenn sie sich über ihre Dauer langsam steigert. Wenn zum Beispiel aus dem gesetzten Dinner eine wilde Tanzparty wird und sich die Gäste auch noch Jahre später gern an das schöne Zusammensein zurückerinnern. Ganz so wild geht es heute bei unserem Dinner nicht zu, aber bunt gemischt wird trotzdem. „Seitdem ich auch ein Restaurant in Shanghai betreibe, bin ich großer Fan des Sharing-Konzepts. Das heißt, ich mag es, viele verschiedene Dinge auf den Tisch zu stellen, an denen sich dann jeder bedienen kann. Ich finde das herrlich unkompliziert, ungezwungen und gesellig. Und trotzdem kann es sehr edel sein“, verrät sie ihren Plan. Den finden wir großartig, denn so kommen wir in den Genuss gleich mehrerer verschiedener Gerichte aus Polettos hochkarätiger Küche: Erbsencrostini mit gebeiztem Lachs, Vitello tonnato, Gamba Carabiniera mit Zucchini, Quinoa und Salzzitrone, Tatar vom Fassone-Rind mit Pfifferlingen und Zuckerschoten, Gillardeau-Austern on the rocks, Schnittlauchbutter, Parmesan-Gougères mit Trüffel, Kartoffel-Parmesan-Tortelli mit Blattspinat, Nussbutter und Trüffel und gebratener Loup de Mer mit Safrangemüse und Cacciucco-Sud.

Zu diesen Köstlichkeiten darf der Gaumen anfangs gerne ein bisschen gekitzelt werden: „Zum Aperó muss es prickeln. Ein schöner Champagner, Crémant oder Sekt hat für mich immer etwas Feierliches und ist – zusammen mit Appetitmachern wie Sylter Brot mit Schnittlauchbutter und Kaviar oder unserem selbst gebackenen Parmesan-Gebäck – ein perfekter Start in den Abend", erklärt Poletto. Wer möchte, bekommt zum Essen schöne Weine. Aber auch leckere antialkoholische Alternativen stehen bereit, zum Beispiel verschiedene Traubensäfte oder besondere Frucht-Cocktails.

Nicht nur beim Essen, auch beim Rest achtet Poletto auf jedes Detail. Sie sei nicht nur produkt-, sondern auch materialverliebt, gesteht sie lachend und zeigt, wie sie ihre Tische eindeckt: „Die tolle Struktur und Oberfläche meines runden Holztisches möchte ich auf keinen Fall unter einer Tischdecke verstecken. So pur wie die italienische Küche ist auch der Stil auf dem Tisch, den ich mit meinem absoluten Lieblingsporzellan von Stefanie Hering aus Berlin eindecke. Besonders angetan bin ich von den Stücken aus der Ocean-Serie, die ganz filigran mit wunderschönen, blauen Meerestieren bemalt ist – das passt hervorragend zu meiner mediterranen Küche. Auch das Martelé-Silberbesteck von Robbe & Berking fügt sich mit seiner Hammerschlagtechnik, die ein zartes Wellenmuster auf die Stiele zaubert, fantastisch ein."

Da gilt bei der Deko: Weniger ist mehr. Glasperlen, Konfetti und Co. kommen der gebürtigen Hamburgerin nämlich nicht auf den Tisch. „Viel schöner finde ich natürliche Deko wie zum Beispiel schöne, leuchtend gelbe Amalfi-Zitronen als Hingu-

Cornelia Poletto ist Fan der Ocean-Serie von Hering Berlin. Das Martelé-Silberbesteck stammt von Robbe & Berking.

cker", gibt sie gleich noch einen Tipp dazu. Eine panische Poletto ist vor so einem schicken Dinner hinter den Kulissen übrigens nicht zu finden. Sie selbst bleibe beim Kochen eigentlich immer entspannt, schließlich sei das ja ihr über die Jahre perfektionierter Beruf. Für alle, die nicht jeden Tag routiniert den Kochlöffel schwingen, hat sie aber nützliche Tipps auf Lager: „Nicht ausgerechnet neue Gerichte ausprobieren, wenn Gäste kommen. Viel schöner ist es, sich mit der Zeit seine eigenen kleinen ‚Signatures' aufzubauen. Und je früher man sich auf den Abend einstellt, desto besser. Unter Zeitdruck gelingen Gerichte meist nicht so gut, weil man sich dann gerne mal verheddert." Außerdem empfiehlt sie, alle benötigten Zutaten am besten schon geschnitten und geputzt in kleinen Schälchen bereitzustellen – so wie es die Köche im Fernsehen machen. Das erleichtert nämlich den Workflow in der Küche.

Damit es auch unter den Gästen flowt, achtet die meisterhafte Gastgeberin darauf, dass die Geladenen zusammenpassen: „Damit meine ich nun natürlich nicht, dass alle Gäste denselben Beruf, dieselben Hobbys oder Interessen haben müssen, um einen perfekten Abend zu haben. Aber die Wellenlänge muss stimmen. Alter, Geschlecht, Beruf, Herkunft – das ist dabei völlig egal. Je bunter, desto besser", findet sie. Darauf stoßen wir jetzt an, denn wir haben uns auf Polettos Wellenlänge eingetuned.

3 TIPPS

für das perfekte Dinner von Cornelia Poletto

1

Vorbereitung ist alles. Das sogenannte „Mise en Place“ ist das Wichtigste, sprich: Je besser man vorbereitet ist, desto entspannter wird der Abend. Konkret heißt das, dass vor dem Kochen schon alles fertig geschnippelt in Schälchen bereitsteht. Im Grunde also wie im Fernsehen in den Kochshows, in denen alles schon am Herd bereitsteht und nur noch verarbeitet werden muss.

2

Es mag abgedroschen klingen, ist aber so: Das Auge isst mit. Und damit ist nicht nur gemeint, wie das Essen angerichtet ist, sondern es geht um das gesamte Setting. Egal ob rustikale Holztafel oder schneeweiße, gestärkte Tischdecke – Deko und Geschirr müssen zur Idee des Abends und der Gerichte passen. Wenn unterschiedliche, bunte Köstlichkeiten auf dem Tisch stehen, darf es gerne auch mal das farbenfrohere Geschirr sein. Liegt der Fokus auf einem Gericht, passt schlichtes, glattes, weißes Geschirr vielleicht besser.

3

Erkundigen Sie sich vorher, ob es unter Ihren Gästen Menschen mit Unverträglichkeiten gibt, Vegetarier oder Veganer. Interessieren Sie sich dafür, was Ihre Gäste essen und was nicht, um auf Unvorbereitetes vorbereitet zu sein.

„Ich habe schon immer gerne Gäste eingeladen –
so richtig auf den Geschmack gekommen bin ich an meinem
18. Geburtstag. Da habe ich eine Party mit dem Motto
‚Ganz in Weiß mit einem Blumenstrauß' geschmissen."

TAMARA GRÄFIN VON NAYHAUSS

EIN TRAUM VON EINEM KINDERGEBURTSTAG

Sie weiß, wie man gelungene Feste ausrichtet – und zwar nicht nur für Erwachsene. Tamara Gräfin von Nayhauß begeistert ihre Söhne und deren Freunde mit außergewöhnlichen Kindergeburtstagspartys.

Süß hoch drei: Die Gummibärchen-Etagere von Westwing ist ein Hit bei jeder Kindergeburtstagsparty.

„Man hat die Gelegenheit, selbst wieder zum Kind zu werden", erzählt sie mit leuchtenden Augen und drapiert den letzten Donut auf der Geburtstagstafel. Tamara Gräfin von Nayhauß ist ein echter Profi, wenn es um fantastische Feste geht. Heute richtet die TV-Journalistin die Feier zum Geburtstag ihres jüngsten Sohnes Louis aus. Dass sie ein Händchen für Deko – natürlich nachhaltige – hat, sieht man sofort.

Alles ist kunterbunt und trotzdem nicht wild zusammengewürfelt, sondern mit viel Liebe kombiniert: Da gibt es eine schillernde Happy-Birthday-Girlande, gold-weiße Partyhütchen, Glitzer auf dem Tischtuch, und als i-Tüpfelchen schweben silberne und blaue Heliumballons über dem Tisch. Die bunten Donuts auf den Tellern und die dreistöckige Gummibärchen-Etagere wirken beinahe auch wie Dekoration.

Scheinbar gehen ihr die Vorbereitungen auch wirklich leicht von der Hand: „Bei Kindergeburtstagen sehe ich alles selbst wieder mit Kinderaugen und habe großen Spaß daran, alles umzusetzen, was ich mir so vorstelle. Ich empfinde das nicht als Stress, sondern mir macht es Freude, zum Beispiel die Dekoration für den Tisch zusammenzusuchen." Ihre Kinder sind mittlerweile 11 und 14, da wiederholen sich dann manche Dinge, und man bekommt eine gewisse Routine.

Sie gibt aber auch zu, gar nicht „so superorganisiert" zu sein, wie immer alle denken. Das meiste mache sie aus dem Kopf, was bedeute, dass dann kurz vor knapp meist doch irgendwas zu besorgen sei, was sie vergessen habe. Am Geburtstag selbst gehöre es dazu, um 5:30 Uhr aufzustehen, um die letzten Geschenke zu verpacken. „Und der Geburtstagstisch will ja auch noch vor der Schule hergerichtet werden", sagt sie augenzwinkernd.

Ein Lob, das bei all der Arbeit runtergeht wie Öl: wenn die Kinder die Arbeit wertschätzen. Die Bloggerin (www.comtesse-express.com) beschreibt: „Die Kinder bemerken es, wenn man sich richtig Mühe für sie gibt. Meine Söhne bedanken sich immer ganz doll bei mir, weil sie zum Beispiel die Deko sehr wertschätzen." Zusätzlich zur Deko

„Die Kinder bemerken es, wenn man sich richtig Mühe für sie gibt. Meine Söhne bedanken sich immer ganz doll bei mir, weil sie zum Beispiel die Deko sehr wertschätzen.“

Passend zum silber-blauen Motto wählt Gräfin Nayhauß blaue Murano-Gläser und schlichte Teller von Hutschenreuther Porzellan.

überlegt sich die Gräfin auch jedes Mal eine Kleinigkeit als Goodie, die einen großen Unterschied macht. Letztes Mal wartete beim Eintreffen der Kinder zum Beispiel auf jedem Platz ein buntes Hütchen, die Musik wurde aufgedreht, es gab Luftschlangen, und schon war die richtige Stimmung für den Geburtstag herbeigezaubert.

Wenn von Nayhauß dann sieht, dass alle einen guten Tag haben, sich gut verstehen und Spaß haben, macht ihr das eine riesige Freude: „So kitschig das klingt, aber wenn die Kinder glücklich sind, ist man selbst auch glücklich. Es erweicht einfach mein Herz."

Eine rührende Tradition, die sich bei den Söhnen eingebürgert hat, ist der jährliche Geburtstagsbesuch der ehemaligen Babysitterin. Gräfin Nayhauß erklärt: „Wir brauchen unsere Babysitterin heute zwar nicht mehr für die Kinderbetreuung, aber sie steht noch in enger Verbindung mit den Kids und kommt jedes Jahr zu den Geburtstagen vorbei. Dann kocht sie die Lieblingsbolognese, und meine Kinder lieben dieses Ritual."

Fester Bestandteil jeder Party sind auch immer noch Spiele wie Topfschlagen, Reise nach Jerusalem oder Flaschendrehen. Die passen in jedem Alter super und machen auch den Erwachsenen Spaß. Doch die Gräfin hat noch mehr Tipps parat: „Wenn die Kinder etwas größer sind, ist eine Hüpfburg der absolute Hit. Die Kinder haben damit stundenlang eine Riesengaudi, und für die Erwachsenen ist es auch entspannt. Wir hatten auch schon eine Wasserrutsche im Garten. Die lässt sich ganz einfach aufbauen. Das ist ein breiter Gummischlauch, auf den Wasser gesprüht wird. Die Kinder nehmen dann Anlauf, werfen sich drauf und schlittern darauf entlang bis zum Ende. Da unsere beiden Söhne im Sommer Geburtstag haben, hatten wir bisher auch immer gutes Wetter." Hüpfburg oder Wasserrutsche sollte man aber auf jeden Fall zwei Wochen im Voraus organisieren, denn die Spaßbringer sind immer heiß begehrt.

Das klingt alles so fantastisch, da würden wir auch gerne mitfeiern!

3 TIPPS

für eine gelungene Kindergeburtstagsparty

1

Achten Sie darauf, dass Sie Spiele auswählen, bei denen alle Kinder aktiv sind. Denn wenn immer nur ein oder zwei Kinder beschäftigt sind, kommen schnell Langeweile und schlechte Stimmung auf. Am besten sind Spiele, bei denen die Kinder auch körperlich aktiv sind, wie zum Beispiel die Reise nach Jerusalem. Je größer die körperliche Aktivität, umso höher die Wahrscheinlichkeit, dass der Geburtstag in Ruhe ausklingt.

2

Entertainment ist alles: Mit einer Hüpfburg oder Wasserrutsche und guter Musik sind die Kids stundenlang glücklich und sprechen noch Jahre später davon. Die Hüpfburgen werden zum Vermieten eigentlich in allen großen Städten angeboten und direkt nach Hause geliefert. Hier nicht am falschen Ende sparen: Ich würde immer das Angebot vom Verleiher in Anspruch nehmen, die Burg auf- und abzubauen. Alles andere ist mühsam und kann einem nach einem anstrengenden Kindergeburtstag den letzten Nerv rauben. Wasserrutschen gibt es übrigens schon für kleine Preise zu kaufen und finden auch noch bei anderen Gelegenheiten großen Anklang.

3

Wenn die Stimmung mal kippt: Haben Sie immer ein Trostpflaster für das sich benachteiligt fühlende Kind parat. Ein kleines Geschenk wirkt in diesem Fall Wunder. Verpacken Sie am besten schon vor der Party eine leckere Auswahl an Süßigkeiten und halten Sie diese griffbereit. Damit sind Sie für alle Eventualitäten gerüstet. Und selbst wenn das Trostpflaster diesmal nicht zum Einsatz kommt, gibt es sicher bald die nächste Gelegenheit für eine Aufmerksamkeit oder Aufmunterung.

Mit der Manufaktur Riedel Glas wurde exklusiv für das Tantris ein eigenes Rieslingglas entworfen.

MATHIEU MERMELSTEIN

MATHIEUS METIER

Privat mag er lässige Abende, im Beruf hat er das Gastgebertum perfektioniert: Mathieu Mermelstein, Restaurantleiter des neu eröffneten Restaurants Tantris DNA, verrät, worauf es im Umgang mit Gästen wirklich ankommt.

Das Silberbesteck von Pott, das schon vor 50 Jahren im Tantris im Einsatz war, wurde nun aus dem Lager geholt und aufpoliert.

Alle Protagonisten in diesem Buch pflegen das Gastgebertum entweder im privaten Rahmen, oder sie führen als Spitzenköche eigene Restaurants. Doch heute schauen wir einem über die Schulter, der von Beruf Gastgeber ist. Er steht nicht am Herd, deckt nicht ein, serviert nicht ab. Trotzdem führt er die Fäden zusammen, damit an jedem Tisch zu jeder Zeit einzigartige Momente entstehen können: Mathieu Mermelstein ist der frisch berufene Restaurantleiter und Sommelier im Tantris DNA, dem neuen À-la-carte-Restaurant im legendären Tantris in München mit Chef de Cuisine Virginie Protat.

Nachdem Hans Haas Ende 2020 nach fast 30 Jahren in den Ruhestand gegangen ist, wurde das Tantris, dass seit 2012 unter Denkmalschutz steht, behutsam renoviert und modernisiert.

Im Oktober 2021 öffnete das Tantris seine Türen, um die nächste Ära einzuläuten. Unter der Dachmarke Tantris Maison Culinaire sind nun das Menü-Restaurant Tantris, das À-la-carte-Restaurant Tantris DNA und die Tantris Bar vereint. Die Philosophie bleibt: Mit Handwerk, großer Kochkunst aus der französischen Küche und gelebter Gastfreundschaft soll der Stellenwert des Genusses verändert werden. Innovation trifft auf Tradition, typisch Tantris.

„Das Tantris war immer ein Vorreiter: Die Küchenchefs Eckart Witzigmann, Heinz Winkler und Hans Haas kamen jung, entwickelten sich über die Jahre weiter und wurden zu Legenden", erzählt Mathieu. Nicht nur das Team, auch die Räumlichkeiten haben sich verändert, beschreibt er: „Der ehemalige Gartensalon hat ein komplett neues Design bekommen. Die Gäste dürfen auf bequemen Samtsesseln in Hummerrot Platz nehmen und an großen Tischen mit Marmorplatte und Messingring speisen, die wir exklusiv designt haben."

Mathieu fühlt sich geehrt, zusätzlich zu seiner bisherigen Sommelier-Position jetzt auch zum Restaurantleiter berufen worden zu sein: „In den letzten 15 Jahren war ich als Sommelier in unzähligen Weinkellern unterwegs und habe mich vor allem mit Weinkarten und Weinproben auseinandergesetzt. Aus dieser Komfortzone wage ich mich jetzt heraus, wenn ich das sechsköpfige Team hier leiten werde."

Sein Anspruch ist genauso hochgesteckt wie das Ziel: Im Tantris DNA dürfen die Gäste ihren Alltag loslassen. Dazu reicht es nicht, ihnen einfach nur Gerichte zu servieren: „In erster Linie bin ich Kellner und damit Gastgeber. Man muss das A und O des Service kennen und beherrschen. Getränkekunde, Speisenkunde – das muss alles sitzen. Einen guten Gastgeber macht aus, dass er akribisch vorbereitet ist und soziale Kompetenz besitzt. Man muss auf die Gäste gut eingehen können, denn jeder Gast ist anders." Der Gast ist immer König, egal ob er einen guten oder schlechten Tag hat und – ganz wichtig – egal, wie Mathieus Stimmung ist. „Wir wollen unseren Gästen Spaß bereiten. Dabei ist es enorm wichtig, dass wir nie belehrend auftreten. Ein Beispiel, um das zu verdeutlichen: Ein Pärchen kommt zum Essen, und der Herr möchte die Dame mit seinem Wissen beeindrucken. Wenn ich merke, dass er sich gar nicht auskennt, ist es nicht meine Aufgabe, ihn vor der Dame bloßzustellen", erzählt er.

An den Tischen entstehen aber auch regelmäßig lustige Szenen. Eine davon verrät der erfahrene Sommelier schmunzelnd: „Ich kam an einen Tisch, und der Gast bat mich, ihm eine Flasche von diesem ‚Chateau de Nay' zu besorgen. Ich ging zu meinem Kollegen und fragte ihn, ob er dieses Chateau kenne. Er kannte es auch nicht. Ich habe gegoogelt und nichts gefunden. Also musste ich noch mal zum Tisch gehen und nachfragen. Der Gast sagte dann, dass es doch eine Traube sei. Und dann ging mir ein Licht auf, er meinte Chardonnay. So was lacht man dann gemeinsam weg."

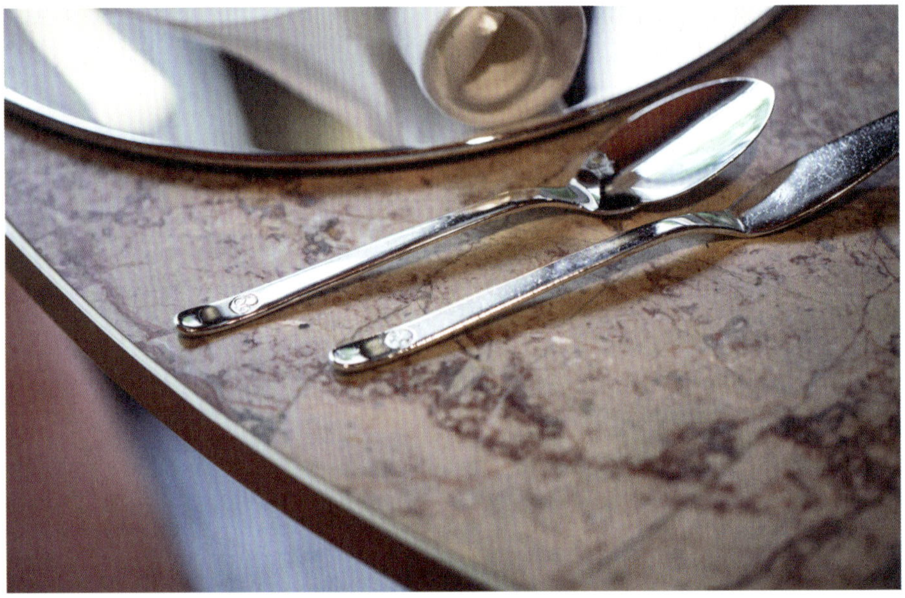

Hummerrote Sessel frischen die ansonsten zurückhaltende Farbwelt im Tantris DNA auf.

Das Gefühl für solche Situationen komme aber erst mit den Jahren und der Erfahrung. „Da ist viel Geduld und ein wenig Psychologie dabei. Ich bin von meinem Naturell her ein sehr lustiger Mensch und musste diese Feinfühligkeit erst noch lernen. Heute fühle ich mich reif dafür", resümiert Mathieu.

Wir sind auch bereit für die neue Tantris-Erfahrung, deshalb lassen wir uns jetzt gerne zu Tisch bitten. Mathieu serviert Bar de Ligne en Pâte à Sel mit Beurre blanc citronné – also Wolfsbarsch im Salzteig mit einer Beurre blanc, dazu einen 2016er Hermitage Blanc aus dem Hause Marc Sorrel in Frankreich.

Auch hier wurde auf jedes Detail Wert gelegt: Das Besteck der Silbermanufaktur Pott, mit dem Muschi und Fritz Eichbauer vor 50 Jahren die Tische des Tantris eindecken ließen, kommt nach über 40 Jahren zu seinem zweiten großen Auftritt. Es ergänzt perfekt das schlichte weiße Geschirr von Bernardaud aus Limoges in Frankreich, auf das das neue Tantris-DNA-Logo gedruckt wurde. Die Weingläser der Manufaktur Riedel Glas wurden von Nicolas Spanier, Wine Director des Tantris Maison Culinaire, und Mathieu Mermelstein ausgesucht. Sogar ein eigenes Rieslingglas wurde exklusiv für das Tantris designt.

Privat mögen es Mathieu und seine Frau Andrea legerer. „Nur weil ich in einem Sternelokal arbeite, schlürfe ich nicht jeden Tag auswärts Austern und schlage mir mit Kaviar den Bauch voll. Genuss ist nur Genuss, wenn er nicht zum Exzess wird", findet er. Trotzdem legt er großen Wert auf hochwertige Zutaten, selbst wenn er einen Burger zubereitet: „Man kann sich auch bei Comfort Food was Gutes tun. Indem man zum Beispiel einen Burger mit gutem Gemüse, gutem Fleisch und statt Cheddar mit drei Jahre gereiftem Comté zubereitet."

3 TIPPS

für das perfekte Dinner

1

Als Gast: Haben Sie Vertrauen und lassen Sie sich auf den Abend ein. Lassen Sie sich leiten, anstatt immer selbst zu leiten.

2

Als Gastgeber im Restaurant: Zeigen Sie Verständnis, Geduld und Empathie. Lernen Sie, gut zuzuhören und auf Ihre Gäste gefühlvoll einzugehen.

3

Als Gastgeber zu Hause:
Bitte besorgen Sie gute Getränke. Der Mittelpunkt sollten nicht die Gedanken an schlechte Drinks sein, sondern die Gespräche am Tisch. Wenn Sie unsicher sind, lassen Sie sich gerne beraten.

„In erster Linie bin ich Kellner und damit Gastgeber. Man muss das A und O des Service kennen und beherrschen. Getränkekunde, Speisenkunde – das muss alles sitzen. Einen guten Gastgeber macht aus, dass er akribisch vorbereitet ist und soziale Kompetenz besitzt. Man muss auf die Gäste gut eingehen können, denn jeder Gast ist anders."

FAMILIE ANDERS

AUSZEIT VOM ALLTAG MAL „ANDERS“

Team Anders liebt es, vom Alltags- in den Gastgebermodus zu wechseln. Entspannt und voller Hingabe wird hier vierhändig vorbereitet, sodass sich die Gäste auf eine kleine „Auszeit vom Alltag“ freuen dürfen – und danach schon auf die nächste Einladung.

Beim Ehepaar Anders gibt es einen Schalter, den bestimmt nicht jeder Haushalt zu bieten hat: Er switcht vom Alltags- in den Gastgebermodus. Verstehen Sie nicht so ganz? Das lassen wir mal Claudia Weidung-Anders erklären: „Wenn wir einladen, lassen wir den Arbeitsalltag beiseite. Dann legen wir eine Art Schalter um und freuen uns sehr auf unsere Gäste. Auch das Vorbereiten macht schon riesig Spaß", erzählt sie gut gelaunt. Ihr Gatte ergänzt: „Wenn nicht gerade der Papst im Kettenhemd boxt, gehe ich dann auch nicht mehr ans Telefon. Ich möchte meinen Gästen eine Auszeit vom Alltag schenken, und die gönne ich mir auch selbst bei den Vorbereitungen."

Anstatt sich dabei gegenseitig zu stressen, geht das Ehepaar Anders mit Leichtigkeit und klarer Aufgabenteilung an die Sache heran. „Wir funktionieren super als Team: Ich koche gerne und oft, und Claudia ist für die Deko und das Ambiente zuständig", erklärt Thomas Anders. Seine Gattin gibt schmunzelnd zu, dass sich diese Arbeitsteilung über die Jahre bewährt hat: „Wenn ich Hunger habe, dann habe ich jetzt Hunger. Ich beneide meinen Mann sehr darum, dass er beim Kochen so entspannt bleiben kann. Aber wir sind jetzt 24 Jahre zusammen, und ich glaube, das mit dem Kochen-Lernen wird nichts mehr. Die Aufteilung bleibt, wie sie ist, denn so funktioniert das wunderbar."

Am Tag vor der Einladung wird alles vorbereitet. Thomas stellt das Menü zusammen und schnippelt in der Küche. Sein Geheimrezept ist nirgends gedruckt, sondern in seinem Kopf: „Für mich ist Kochen eine Art von Kreativarbeit. Ich lese das Rezept, brauche aber eigentlich nur die Mengenangaben, weil ich es dann im Kopf schon selbst zubereite."

Heute nutzen die beiden das sommerliche Wetter, um in ihren Garten einzuladen. Es wird ein Summer-Lunch. Als Vorspeise serviert Thomas eine pikante, aber dennoch sehr erfrischende Melonen-Gazpacho. Der perfekte Starter an einem heißen Sommertag. Auch die Getränke stehen bereit: ein Champagner-Cocktail als Aperitif zum Empfang, zum Lunch dann genussvolle, aber leichte Weine, gekühlte Softdrinks und ganz wichtig – Wasser! Das darf auf der Tafel niemals fehlen! Da die meisten Gäste besonders an heißen Tagen häufig danach greifen, entscheiden sich die beiden für einen großen, dekorativen Wasserspender, gefüllt mit Eis, Zitronenscheiben und frischer Melisse, um das Wasser länger schmackhaft und kühl zu halten. Für alle gut erreichbar, steht er direkt in der Tischmitte.

Um an diesem Tag das Urlaubsfeeling zu unterstreichen, hat die „Deko-Chefin“ sich für die Farben Blau (wie der Himmel und das Meer) und Beige (wie der Sand) entschieden. Bambus und Bastmaterialien sollen die Strandelemente widerspiegeln. Dazu passen wunderbar ihr blau-weißes Geschirr von Ralph Lauren, blaue Wasser- und Weinkelche von Westwing und Besteck aus Bambusholz von Wayfair. Die himmelblauen Tischsets aus Baumwolle ergänzt sie mit naturbelassenen, runden Platzsets aus Wasserhyazinthe. Blaue Hortensien in chinesischen Deckelvasen (Claudia lässt einfach den Deckel weg) runden die sommerliche Tafel ab. Claudia verrät: „Wer bei uns schon zu Gast war, der weiß, dass der Tisch jedes Mal ‚anders‘ dekoriert ist. Auf unseren Reisen sauge ich tolle Deko-Ideen regelrecht auf, und wir beide sammeln Bücher über Homeinterior und Architektur, aus denen ich mir die vergangenen Jahre viel angeeignet habe.“ Apropos: Die Inspiration für die Deko hat sie sich diesmal in den Hamptons geholt, dem amerikanischen Sylt.

Alles fertig, es kann losgehen! Und für alle Gastgeber, die Angst vor Fehlern haben, präsentiert Thomas jetzt noch eine „köstliche“ Anekdote aus seinem eigenen Fauxpas-Repertoire: „Ich habe mal ein Gulasch gemacht, und zum Schluss ist mir aufgefallen, dass ich Zucker mit Salz verwechselt habe. Da ist nichts mit neu anbraten! Ich hatte die Wahl: entweder die Gäste mit der Karte vom Pizzaservice begrüßen oder irgendwie den Zuckergeschmack da rausbekommen.“ Also kamen kurzerhand Sahne und Schärfe zum Einsatz. Ob das Gericht gerettet werden konnte, weiß Thomas bis heute nicht so ganz genau: „Ich habe es dann als wunderbares ungarisches Gulasch verkauft. Mit dem Resultat, dass am nächsten Tag die Gäste anriefen, um die Schärfe noch mal nachzubesprechen“, grinst er.

Auch seine Frau findet, dass man als Gastgeber ruhig bleiben darf: „Eigentlich kann ja nur für die Gastgeber etwas nicht nach Plan laufen. Die Gäste bekommen das doch meist gar nicht mit. Daher: entspannt bleiben! Lieber mal über sich selbst lachen. Die Gäste erinnern sich nämlich eher an einen entspannten und fröhlichen Abend als an irgendwelche Missgeschicke.“

Wenn die Zeit unbemerkt wie im Fluge vergeht und sich die Gäste bei der Verabschiedung schon auf die nächste Einladung freuen, ist das Essen rundum gelungen – da sind sich die beiden einig.

„Wer bei uns schon zu Gast war, der weiß, dass der Tisch jedes Mal ‚anders' dekoriert ist. Auf unseren Reisen sauge ich tolle Deko-Ideen regelrecht auf, und wir beide sammeln Bücher über Homeinterior und Architektur, aus denen ich mir die vergangenen Jahre viel angeeignet habe."

MODERN
COOKING
EINFACH LECKER ANDERS

3 TIPPS

für den perfekten Summer-Lunch

1

Vorbereitet in den Tag gehen: frühzeitig mit der Bearbeitung der einzelnen Speisen beginnen, Salate vorbereiten, Saucen einkochen, Gemüse schneiden, eventuell schon blanchieren. Gegebenenfalls den Fisch oder das Fleisch marinieren. Die Tisch-Deko ebenfalls frühzeitig planen und gegebenenfalls sogar schon am Vorabend eindecken (indoor). All das kostet Zeit und ist nicht zu bewältigen, wenn die Gäste anfahren.

2

Lockere Atmosphäre schaffen: Bei uns können die Gäste immer zusehen, wie Thomas in der Küche oder am Grill das Essen zubereitet. Viele nehmen dabei sogar ihr Weinglas zur Hand und gehen zu ihm. Die Küche ist heutzutage doch oft das Herzstück des Hauses, und das Kochen an sich übt einfach nach wie vor eine besondere und kommunikative Faszination auf die Menschen aus.

3

Sich darauf freuen, den Gästen einen wunderschönen Abend zu bereiten: Es gibt nichts Schlimmeres, als wenn die Gastgeber total gestresst aus der Küche kommen. Ruhe bewahren – auch wenn etwas schiefläuft oder improvisiert werden muss! Dem Gast und sich selbst immer ein gutes Gefühl geben und den Abend – auf beiden Seiten – genießen!

Die maritime Tischatmosphäre kreiert Claudia Weidung-Anders mit den Wasser- und Weinkelchen von Westwing, dem gemusterten Geschirr von Ralph Lauren und dem Bambusholz-Besteck von Wayfair.

LUCCA

NINA RUGE

VINO E PASSIONE IN DER TOSKANA

Willkommen auf dem Weingut Villa Santo Stefano!
Hier empfängt nicht etwa ein italienischer Winzer, sondern die beliebte Moderatorin Nina Ruge zu einer herrlichen Weinprobe.

Oben: *Salute! Zu ihren Weinproben lädt Nina Ruge gerne viele interessante Persönlichkeiten ein, die über gemeinsame Interessen zu angeregten Gesprächen finden.*

Rechts: *Das zurückhaltend eingefärbte, sommerliche Geschirr stammt wie das Besteck von Villeroy & Boch. Die Weingläser kauft Nina Ruge bei RCR Cristalleria Italiana, die Wassergläser bei Spiegelau.*

Ein eigenes Weingut in der Toskana – für die meisten Weinliebhaber von uns bleibt das ein Leben lang ein Traum, der nach Olivenhainen duftet und wo die Sonne einfach ein paar Grad wärmer ist als hier. Nina Ruge hat ihren Traum in die Wirklichkeit geholt. Sie und ihr Mann Wolfgang Reitzle sind die stolzen Besitzer des Weinguts Villa Santo Stefano kurz vor der Stadt Lucca in der Toskana.

Also wie könnte es hier anders sein: Wir sind zur Weinprobe in die sogenannte „Serra" eingeladen, die den klassischen Orangerien dieser Gegend nachempfunden ist. „Das ist der ideale Ort für unsere Weinverkostungen, denn sie befindet sich direkt über dem Hightech-Weinkeller", erklärt die passionierte Gastgeberin mit glänzenden Augen. Aus der computergesteuerten Stahlkessel-Welt taucht man auf in die prachtvolle Welt toskanischer Geschichte. Tradition und Moderne – das ist es, wofür Nina Ruge und ihr Mann brennen, was ihre Weinproduktion leitet und die Herzen ihrer Gäste berührt.

Dreh- und Angelpunkt der Weinprobe ist natürlich der lange Tisch aus Kastanienholz. Er lädt nicht nur zum Genuss von Wein und Speisen ein, sondern auch zum Verweilen und Reden. Nina Ruge erzählt: „Oft tauschen die Gäste spontan die Plätze, denn die Atmosphäre dieses schlichten und zugleich prächtigen Raums ist ungezwungen, informell und so typisch toskanisch, dass man intuitiv dem hiesigen Lebensstil verfällt: Man ist hier, um sich auszutauschen, über die Qualität unserer sechs verschiedenen Weine, ihrer Trauben, der Ausbaumethoden." Die frische, raffiniert-einfache Küche der Toskana genießen, gemeinsam das Leben feiern und mit allen Sinnen die stilvolle, geschichtsträchtige Umgebung aufsaugen, dazu sind alle Gäste herzlich eingeladen.

Bei der Vorbereitung vertraut sie auch ein wenig auf die Sterne: Mein Sternzeichen ist Jungfrau, also entlaste ich mich geradezu genetisch geprägt durch sorgfältige Planung. Diese opulente Weinprobe haben wir eine Woche zuvor geplant und am Tag vorher weitgehend vorbereitet: Der Tisch wurde gedeckt, sämtliche Einkäufe waren schon getätigt, die Hälfte der Gerichte befanden sich im Vorbereitungsmodus." Da kann der große Tag kommen!

Der erfolgreichen Buchautorin („Altern wird heilbar", „Verjüngung ist möglich") ist es dann eine Herzensangelegenheit, dass sich ihre Gäste entspannt umsorgt und ku-

LOTO

„Dass unser Zusammenkommen eine Leichtigkeit atmet, die uns für jede Art Austausch Raum lässt, für heiteres Geplänkel bis zu tiefer Begegnung. Das ist nur möglich in einem Umfeld, das nicht durch Etikette und Überperfektion bestimmt ist.“

linarisch verwöhnt fühlen. Was ihr wichtig ist, bringt sie selbst perfekt auf den Punkt: „Dass unser Zusammenkommen eine Leichtigkeit atmet, die uns für jede Art Austausch Raum lässt, für heiteres Geplänkel bis zu tiefer Begegnung. Das ist nur möglich in einem Umfeld, das nicht durch Etikette und Überperfektion bestimmt ist.“ Klaro, dass sie und ihr Mann als Gastgeber die Gäste umsorgen, nachschenken, abräumen und nachlegen. Unterstützung bekommen die beiden von Weinmarketing-Profi Petra und der wunderbaren Haushälterin und Köchin Nadia. Nadia gibt auch in der Küche alles, damit es den Gästen schmeckt. Sie kocht mit großer Leidenschaft und noch größerer Freude Gerichte aus der einfachen Bioküche, die sie und Nina Ruge lieben. Dabei probieren die Damen gerne Neues aus und sind gemeinsam kreativ. So entstehen dann Speisen, wie wir sie auf den Fotos sehen: Zaziki auf toskanische Art (also ohne Knoblauch), Eiersalat (von den eigenen Hühnern produziert), Guacamole, pikanter Karottensalat mit Nüssen, Tomaten mit Büffelmozzarella, bunter gemischter Salat mit Zucchiniblüten, Spinat-Quiche mit Huhn, Omelette-Lachsrolle mit Frischkäse, Pastasalat mit Käse, dreierlei Brot und als Dessert Torta di Tiramisu.

Die Hauptrolle spielen aber natürlich die Weine! Erst der zarte Rosé Luna als Aperitivo, dann der Weiße Gioia, die Roten Sereno sowie Volo und zum Schluss der Topwein Loto, mit dem 2006 alles startete. Gemeinsam mit Petra werden mit viel Liebe die passenden Tropfen ausgewählt.

Wer in den Genuss einer Weinprobe bei Nina Ruge kommt, darf sich also glücklich schätzen. Nicht nur wegen der Köstlichkeiten, sondern auch weil die Gastgeberin bei der Zusammensetzung der Gästeliste sehr auf eine gelungene Mischung achtet. So überschneiden sich einerseits die Interessen, andererseits sind aber auch Persönlichkeiten aus völlig anderen Welten dabei.

Um ihre Freude über den Besuch auszudrücken, wirft sich die Hausherrin übrigens gerne ein wenig in Schale: „Niemals zu üppig natürlich! Das Signal soll sein: Ich empfinde es als etwas Besonderes, euch zu Gast haben zu dürfen – und das sollt ihr mir auch ansehen!“ Ein Kompliment – genauso sympathisch wie die Gastgeberin.

3 TIPPS

für die perfekte Weinprobe

1

Die Weine sollten frühzeitig ausgewählt und jeweils rechtzeitig so gelagert und vorbereitet werden, dass sie im richtigen Moment in angemessener Temperatur serviert werden können. So können sie ihren Charakter optimal entfalten.

2

Verwenden Sie hochwertige Weingläser, zum Beispiel von Zalto oder Riedel, denn Größe, Höhe und Form des Glases sollten zum jeweiligen Wein passen. Die Form und Qualität des Glases spielt vor allem bei Rotwein eine Rolle, weil der Winkel, mit dem der Wein den Gaumen berührt, für das Geschmackserlebnis wesentlich ist. Deshalb haben die Produzenten von hochwertigen Weingläsern spezielle Formen für verschiedene Weinsorten entwickelt. Außerdem ist der Genuss auch von der Dicke des Weinglases abhängig. Je dünner und feiner, desto mehr kommt die Eleganz eines Weines zum Ausdruck.

3

Die Reihenfolge der Weine muss sorgfältig komponiert werden. Klassischerweise kommen leichte vor gehaltvollen Weinen und jüngere vor älteren. Alkoholreiche Tropfen folgen auf alkoholarme, und dabei wird die Farbe immer kräftiger: Weiß vor Rosé vor Rot. Zu guter Letzt serviert man zuerst gekühlte Weine vor weniger oder gar nicht gekühlten. Und um die Promille im Zaum zu halten, sollte viel stilles Wasser dazu gereicht werden.

INSA LACHAUER

TEATIME MIT DER SALONETTE

Wenn die Salonette zur Teatime einlädt, findet am Tisch das pure Leben statt. „Es darf gekrümelt und gekleckert werden“, findet Insa Lachauer. Hauptsache, alle haben eine herrliche Zeit zusammen.

Insa Lachauer ganz in ihrem Element: Die Leinentischdecke, Servietten, Gläser und Karaffen stammen aus ihrer eigenen Kollektion.

Where the magic happens – dieser Ort ist bei Insa Lachauer das Esszimmer oder ihr „kleiner Salon", wie sie den Raum nennt. An der Wand stapelt sich Gesprächsstoff in Form von anregenden Büchern im Regal, das Zentrum bildet aber natürlich der große Esstisch mit den bequemen Stühlen aus Wiener Geflecht. „Bei uns spielt sich das Leben um den Tisch herum ab. Das war schon in meiner Kindheit so. Ich habe drei kleine Geschwister, und irgendwie war rund um den Tisch immer viel los. Das fasziniert mich und bedeutet für mich das pure Leben. Es soll was los sein, hier darf gekrümelt und gekleckert werden", beschreibt die Architektin ihr Herzstück.

Die Liebe zur Gastlichkeit inspirierte sie 2018 dazu, sich mit ihrem Blog „The Salonette" (www.thesalonette.de) auf die Themen Familienfeste, Gastlichkeit, gedeckter Tisch und Interior zu fokussieren. Zeitgleich startete sie ihre „Salonrunde", zu der sie jeweils vier andere Blogger einlud und mit ihnen gemeinsam ein Motto ausgestaltete. Jeder brachte etwas mit, vom Gebäck bis zur Basteleinladung, und man erlebte gemeinsam schöne, stilvolle Stunden.

Ende 2020 setzte sie dieser Leidenschaft für die schönen Dinge mit einer eigenen Kollektion noch das Sahnehäubchen auf. Handbedruckte Stoffe aus Indien werden zu Servietten und Tischdecken, außerdem bietet sie feines Leinen aus Litauen und mundgeblasene Glaswaren aus Böhmen an. Insa Lachauer hat ihr Motto „Stilvoll speisen" perfektioniert, ohne dabei anstrengend perfektionistisch zu sein.

Im Gegenteil, es entspannt sie sogar, wie sie strahlend erzählt: „Für mich persönlich ist das Tischdecken wie Yoga. Beim Raussuchen und Kombinieren der Farben und Gedecke komme ich total runter. Ich genieße diese Minuten sehr. Jeder Gast hat es verdient, dass es nicht nur gutes Essen gibt, sondern dass man auch am Tisch merkt, dass sich die Gastgeber Mühe gegeben haben und es einem schön machen wollen."

Heute lädt die Architektin zur klassischen Teatime. Dafür hat sie gemeinsam mit ihrer besseren Hälfte alles vorbereitet. „Mein Mann und ich sind ein gutes Gastgebergespann. Er kocht, ich mache die Drinks, backe gerne und decke mit Vorliebe den Tisch schön ein. Für uns gehört die Vorbereitung zur Einladung dazu. Sie beginnt schon am Tag davor, aber genau das lieben wir, wie eine Kochparty", erklärt sie.

Ganz wichtig für die Salonette: Wenn die Eingeladenen eintreffen, muss die Vorbereitung schon passiert und man selbst auch angekommen sein. Besonders wichtig ist ihr: „Die Gäste sollen nie das Gefühl haben, dass sie mir im Weg sind oder mich stressen." Dazu gehört für sie auch, dass der leer gegessene Tisch auch mal eine Weile so bleiben darf, ohne sofort gesäubert zu werden: „Ich liebe schön gedeckte Tische und genauso abgegessene Tische. Wenn die Kerzen ein bisschen heruntergebrannt sind und aufgegessen wurde – das ist eine schöne Atmosphäre. Wenn wir als Gastgeber signalisieren, dass wir so eine schöne Zeit mit unseren Gästen haben, dass wir nicht direkt nach dem Essen schon wieder abdecken und in die Küche rasen wollen", beschreibt sie ihre entspannte Einstellung.

Damit auch vorher kein Stress entsteht, befolgt sie einen Tipp von ihrer Mutter: „Eine halbe Stunde vorher mit allem komplett fertig sein, auch mit sich selbst, und dann schon mal einen Sekt aufmachen, sich hinsetzen und ganz gemütlich auf die Gäste warten. Man ist dann viel entspannter, wenn es klingelt." Das hätten sie und ihr Mann schon als Studenten so zelebriert, und so könne man vermeiden, bis zur letzten Sekunde zu rödeln und dann abgehetzt die Tür zu öffnen – und es bliebe immer noch ein kleiner Puffer, falls doch mal was nicht ganz wie geplant fertig wird.

Die silberne Teekanne aus England ist eines von Insa Lachauers Lieblingsstücken.

Nun setzen wir uns aber an den Tisch und bestaunen ebendiesen. Lachauer hat ein Händchen dafür, Stücke aus verschiedenen Ländern und Zeiten und unterschiedliche Farben und Materialien so zu mixen, dass Harmonie entsteht. Eine alte silberne Teekanne aus England und das Silberbesteck kontrastieren gelungen mit dem cleanen Fine-Bone-China-Geschirr. Und natürlich bekommen auch Lachauers Eigenkreationen ihren Auftritt: Die graugrüne Leinentischdecke („Leinen ist immer ein bisschen schick, aber auch gemütlich"), die Servietten, Gläser und Karaffen sind aus ihrer eigenen Kollektion.

Sympathisch dabei: Das „gute Geschirr", das das Ehepaar Lachauer zur Hochzeit geschenkt bekommen hat, und das „edle Besteck" von ihrer Großmutter werden nicht nur für besondere Anlässe wie unsere Teatime hervorgeholt. „Beides verwenden wir immer. Man lebt nur einmal. Eine schöne, wertige Haptik ist mir wichtig. Damit drücke ich Wertschätzung gegenüber meinen Gästen aus", findet Lachauer und schmunzelt.

Richtig „mouthwatering" wird's, als sie die Speisen auftischt: mit Puderzucker bestäubter Schokokuchen, dazu Schlagsahne und Beeren, Macarons, Butterkuchen, klassische englische Teatime-Sandwiches mit Gurken, Datteln mit Gorgonzola und zum Trinken Schwarztee, Kaffee und Munich Mule. Bei so dekorativen Speisen reichen ein paar dezente Blumen und Kerzen als Tischschmuck aus.

„Uns ist wichtig, dass es für die Gäste schön gemütlich ist. Sie sagen auch ganz oft: ‚Das ist ein bisschen wie Urlaub bei euch', wenn sie uns in unserem Zuhause besuchen." Yes Madame, das können wir bestätigen!

PAUL AUSTER
Mit Kindern wohnen

3 TIPPS

für die perfekte Teatime

1

Teatime um 17 Uhr, nicht um 15 Uhr machen: Das schafft einen schönen Übergang ins frühe Dinner, und man hat einen wunderbaren Abend mit vielen schönen Stunden zusammen.

2

Keine falsche Scheu, man darf auch mal einen Kuchen dazukaufen. Die Lieblingsbäckerei hat schließlich ihre Daseinsberechtigung.

3

Man lebt nur einmal: Also her mit den kostbaren Familienerbstücken. Die Sachen sollen doch nicht im Schrank verstauben, sondern eine schön gedeckte Tafel komplettieren. Das drückt Wertschätzung für einen selbst, für die Gäste und für diese besonderen Stücke aus.

„Für mich persönlich ist das Tischdecken wie Yoga. Beim Raussuchen und Kombinieren der Farben und Gedecke komme ich total runter. Ich genieße diese Minuten sehr. Jeder Gast hat es verdient, dass es nicht nur gutes Essen gibt, sondern dass man auch am Tisch merkt, dass sich die Gastgeber Mühe gegeben haben und es einem schön machen wollen.“

FRANZI VON HARDENBERG UND LILI RADU

GEMEINSAM RUNTERKOMMEN – BEIM LADYS APERITIVO AUF BERLINS COOLSTER DACHTERRASSE

Die Gründerinnen Lili Radu und Franziska von Hardenberg laden über den Dächern der Hauptstadt zum Ladys Aperitivo ein. Und man merkt sofort, dass die beiden geübte Gastgeberinnen sind.

Die Luft flirrt – aber nicht, weil es abends um 19 Uhr noch so brütend heiß ist, sondern weil hier zwei Gründerinnen einladen, die vor Energie nur so sprühen. Franziska von Hardenberg und Lili Radu veranstalten heute einen Ladys Aperitivo, bei dem sie Frauen über den Dächern von Berlin im wahrsten Sinne des Wortes hochleben lassen.

Beide Unternehmerinnen sind seit Jahren gute Freundinnen und in der Gründerszene keine Unbekannten. Radus Geschichte begann mit ihrem eigenen Bedürfnis nach einer coolen und stylischen Laptoptasche. Da sie keine passende auftreiben konnte, entwarf sie mit ihrem eigenen Label Lili Radu einfach selbst eine. 2017 gründete sie ihre zweite Marke VeeCollective und bringt damit die leichtesten Taschen auf den Markt, hergestellt aus 100 Prozent recycelten Materialien. Von Hardenbergs Erfolgsstory begann in der emotionalsten Phase ihres Lebens: 2017 musste ihr erstes Unternehmen Bloomy Days Insolvenz anmelden, und ausgerechnet da kam auch noch ihre zweite Tochter Hedi viel zu früh zur Welt. Zu diesem Anlass wünschte sie sich eine Echtgoldkette mit dem eingravierten Namen ihrer Kleinen, für die sie die vergebliche Suche schließlich zu einem Goldschmied führte. Den Followern ihres Instagram-Accounts @sissihardenberg gefiel das Stück so gut, dass von Hardenberg kurzerhand ihr Label The Siss Bliss gründete und einen Onlineshop hochzog. Darüber verkauft sie mittlerweile zeitlose Ketten, Ringe, Armbänder und Ohrringe, die von Hand in Deutschland gefertigt werden und aus 100 Prozent recyceltem Gold sind.

Die beiden verbindet aber nicht nur ihr Gründergeist, sondern auch eine besondere Vorliebe für die Gastgeberrolle. „Wir lieben es einfach, Gäste zu entertainen. Mein Mann und ich sind social animals. Es ist ein Teil unseres Charakters. Hinzu kommen eine gute Portion Aufmerksamkeit, Fantasie und Liebe zum Detail“, beschreibt sich Radu. Und Franzi fügt hinzu: „Ich glaube, bei mir ist es eine Mischung aus optischer Ästhetik, Kulinarik und einem guten Gästemix.

Ich mag es, alles schön zu planen, zu dekorieren und stundenlang Essen vorzubereiten. Wenn die Party losgeht, bin ich aber auch gern dabei und möchte nicht noch stundenlang in der Küche stehen."

Logisch, denn bei dieser Location würde sie einiges verpassen. Radus Dachterrasse im Stadtteil Prenzlauer Berg ist eine echte Rarität. „Berlin ist zwar sehr grün, dennoch gibt es so gut wie keine privaten Gärten. Mit unserer Dachterrasse haben wir uns einen riesigen Traum erfüllt: unseren Garten auf dem Dach", schwärmt sie. Die Dachterrasse ist stolze 90 Quadratmeter groß. Ihr Mann hat sie selbst entworfen und von einem befreundeten Tischler bauen lassen. Als wäre der Blick über ganz Berlin Richtung Fernsehturm nicht schon Highlight genug, trumpft sie auch noch mit einer Außenküche, einem großen Essbereich und einer Außendusche auf. Dazu zaubern viel Holz, passende Stoffe und tolle Farben ein gemütlich-modernes und beinahe maritimes Ambiente.

Sauer macht lustig: Die Zitronenvase von Marsano sorgt sofort für gute Laune.

Rechts: Das mit bunten Ornamenten bedruckte Geschirr stammt aus einer Versace-Serie für Rosenthal, das Besteck von Radus Großmutter.

„Gute Gäste gehen nie zu spät.
Gute Gastgeber machen es ihren Gästen
möglichst leicht, sich hieran zu halten."

Heute haben sich die beiden für einen mediterranen Abend mit italienischen Einflüssen der Aperitivo-Kultur, gepaart mit spanischer Lässigkeit und Kulinarik, entschieden. Bei Paella, Cava und Vino bringen Radu und von Hardenberg zehn tolle Ladys zum entspannten Austausch zusammen, die sich lange nicht gesehen haben. Der Fokus soll weniger auf dem Essen als auf den guten Gesprächen liegen. Diese sind von Hardenberg von großer Bedeutung: „Je älter ich werde, desto wichtiger ist mir ein gutes Tischgespräch. Ich höre richtig gern zu, finde es herrlich, wenn sich auch alle die Zeit nehmen, einer Person einfach mal länger zu folgen, und ich mag es, wenn es dadurch etwas ruhiger zugeht, zumindest beim Essen."

Damit man sich über die Tafel hinweg ungestört unterhalten kann, haben die beiden viele Teelichter aufgestellt und kleine Vasen gewählt. Die Blumen stammen von von Hardenbergs liebstem Blumenladen Marsano: „Ich wollte sie perfekt zur Tischdecke abstimmen und habe sie deshalb in Blautönen gehalten, weil ich monochrome Settings mag und das super zu Lilis Dachterrasse passt", erklärt sie. Auch bei der Tablewear hatten die beiden natürlich ein Auge fürs Detail, wie Radu hinzufügt: „Das Geschirr stammt aus einer von Versace designten Serie für Rosenthal. Verspielt, ausdrucksstark und mittlerweile ein echter Klassiker. Besteck und Gläser sind im Vergleich schlicht, damit es nicht zu viel wird."

Da beide Unternehmerinnen schon zahlreiche Events gegeben und besucht haben, können sie einige wertvolle Tipps teilen. „Gute Veranstaltungen leben von den Gästen! Als Gastgeber besteht die schöne Aufgabe darin, dieses Potenzial möglichst voll auszuschöpfen. Das fängt an mit der Gästeauswahl: gut mixen, aber auch nicht übertreiben, damit es eine schöne Dynamik gibt", erklärt Radu. Ihr sei es besonders wichtig, als Gastgeberin aufmerksam zu sein, die Stimmung aufzufangen, richtig zu deuten und dann mit Licht und Musik die Dynamik des Abends zu potenzieren. Ihr augenzwinkerndes Mantra: „Gute Gäste gehen nie zu spät. Gute Gastgeber machen es ihren Gästen möglichst leicht, sich hieran zu halten." Für von Hardenberg ist Entspanntbleiben das A und O: „Es gibt für mich nichts Schlimmeres, als gestresste Gastgeber, denn das überträgt sich auf die Gäste. Es gibt Faktoren, auf die hat man keinen Einfluss, wie zum Beispiel das Wetter, und man muss dann einfach das Beste daraus machen und darf sich nicht verrückt machen", rät sie.

3 TIPPS

für den perfekten Ladys Aperitivo

1

Geben Sie dem Abend ein Thema, an dem Sie sich bei Deko, Musik und Essen orientieren können. Themen können Länder sein, zum Beispiel ein spanischer Abend mit Tapas, Paella, Salsa-Musik und mediterraner Deko. Weitere Themenideen sind Farben, Kunstrichtungen oder Filme. Das Thema sollte aber niemals zu dominant sein. Es soll ja keine Motto-Party werden.

2

Rechtzeitig und ein bis zwei Personen mehr einladen für kurzfristige Absagen – und wenn doch alle kommen, ist für die zusätzlichen Gäste doch immer Platz.

3

Geben Sie sich bei der Sitzordnung richtig viel Mühe. Überlegen Sie, wer zusammenpassen könnte und zwischen wem sich gute Gespräche entwickeln könnten. Dann wird der Abend auch ein Erfolg. Ansonsten sind schöne und persönliche Grußbotschaften auf den Platzkarten ein hübsches Detail, womit man seinen Gästen seine Wertschätzung zeigt und ihnen von Beginn an ein tolles Kompliment machen kann. Das hebt direkt die Stimmung.

Rechts: Prost, auf die Ladys! Der Aperitivo wird in Riedel-Gläsern gereicht.

Die Lampe, bestehend aus lauter Weingläsern, ist von Kare.

ANDRÉ SCHULZ

SCHULZES SCHÖNSTE SCHÄTZE

Wenn Starfriseur André Schulz seine Wohnungstür öffnet, ist das, als würde er den Deckel einer Schatzkiste anheben. Hier trifft Liebe zum Detail auf exquisiten Geschmack und eindrucksvolle Sammelleidenschaft – präsentiert mit ganz viel Herz.

Was der gebürtige Weseler anpackt, das packt er richtig an. Mit Disziplin und Liebe im Herzen schaffte er es nicht nur vom Jungen, der in ärmlichen Verhältnissen aufwachsen musste, zu einem der gefragtesten Topfriseure – sondern auch zu einer beeindruckenden Sammlung exquisiter Raritäten aus den Nachlässen prominenter und adeliger Persönlichkeiten. Seine zweite große Leidenschaft kennt kaum jemand, für das Frühstück, zu dem er uns eingeladen hat, öffnet André Schulz aber seine Schatzkiste.

Als Friseur ist er permanent Gastgeber. In seinem Salon in der Münchner Innenstadt liest er seinen Gästen jeden Wunsch von den Augen ab und möchte, dass sie ihren Besuch rundum genießen können. Auch wenn er privat Gäste empfängt, sollen diese sich bei ihm wohlfühlen. „Hier muss keiner die Schuhe ausziehen. Meine Gäste sollen Druck, Stress und Unangenehmes über Bord werfen“, erzählt er, während er die opulente chinesische Blumenschale bestückt, die gleich in der Tischmitte platziert werden soll.

Traditionen sind dem Herrchen von Mopslady Georgie und Mopsgentleman Gerry eine Herzensangelegenheit. „Deshalb finde ich eine schöne Tischkultur so wichtig. Ich möchte Traditionen weitertragen und Geschichten weitererzählen. Sonst verschwindet ja irgendwann alles Schöne aus früheren Zeiten“, erklärt er seine Passion.

Dabei legt er größten Wert auf Authentizität: „Ich will nette und normale Leute um mich haben, keine Schaumschläger, die mir die ganze Zeit irgendeinen Quatsch erzählen. Wenn die Tischgespräche in Richtung Politik abgleiten, lenke ich schleunigst davon ab und beschäftige den Hauptpalaverkopf mit Apfelschälen. Dann haben wir in 30 Minuten einen frischen gedeckten Apfelkuchen auf dem Tisch“, verrät er lachend.

Für seine Einladungen bereitet er deshalb auch alles eigenhändig vor: „Erst mal überlege ich, wie ich den Tisch gestalten will und was ich servieren möchte. Ente mit Blaukraut und Kartoffelklößen oder Gulaschsuppe aus dem Brotlaib gelingen mir zum Beispiel immer sehr gut. Dann kaufe ich alles frisch ein, am liebsten hier bei den kleinen Händlern in meiner Straße.“ Dann wird die Tablewear ausgewählt, und hier kommen wir zum eingangs erwähnten Schatzkisten-

Moment: André Schulz besitzt etwa 1.000 antike Stücke, die er über Jahrzehnte bei Auktionen ersteigert hat: „Ich habe als Kind schon früh fließend Englisch gesprochen und eine Vorliebe für das englische Königshaus entwickelt, deshalb kenne ich mich mit dessen Geschichte sehr gut aus. Meine Sammlung habe ich größtenteils bei Auktionen in England erstanden. Wenn ich etwas in einem Auktionskatalog entdecke, was ich unbedingt haben möchte, fliege ich nach London und biete mit." Diese Sammlung verwahrt er gut eingepackt in einem Storage unweit seiner Wohnung in Schwabing-West.

Wenn eine Einladung ansteht, sucht er dort die passenden Kostbarkeiten aus. Für das heutige Frühstück hat er sogar sein wertvollstes Sammlerstück herausgeholt: „Mein Lieblingsstück ist dieser silberne Serviettenring aus dem Nachlass von Königin Viktoria, auf dem der Name ihres Mannes Albert und ihre Lieblingsblumen, die Primeln, eingraviert sind", erzählt er mit leuchtenden Augen. Aus den bunten Weinkelchen hat schon Prinzessin Margaret, die verstorbene Schwester der Queen, getrunken. Auch das Silberbesteck stammt aus ihrem Nachlass. Von dem bezaubernden Teeservice speiste einst Jackie Kennedys Schwester Lee Radziwill. Auf diesen Raritäten serviert er zum Frühstück gleich Waffeln nach einem Originalrezept von Jackie Kennedy, spanisches Omelett und dazu Toast. Beim Kaffee legt er Wert darauf, ihn frisch zu mahlen und aufzubrühen, wie seine Großmutter es gemacht hat.

Dekoration, Einkäufe, Zubereitung – all das gelingt André Schulz gefühlt mühelos. „Kurz vorher schwirrt mir zwar schon der Kopf, und ich überlege, was ich noch alles benötige, und sause herum. Aber meistens schaffe ich es, eine halbe Stunde vor Eintreffen der Gäste dann doch noch, in Ruhe einen Kaffee zu trinken und einen Blick in die Zeitung zu werfen. Es ist wichtig, dass man sich nicht verrückt macht, und ein wenig Übung macht am Ende auch den Meister", findet er.

Er möchte mit seinen Gästen Geschichten austauschen, an ihrem Leben partizipieren und sie auch seinem Denken und Fühlen teilhaben lassen. Wenn das gelingt und er die Runde für ein paar Stunden in eine schönere Welt entführen konnte, ist André Schulz glücklich und die Einladung gelungen.

3 TIPPS

für das perfekte Frühstück

1

Meine Blumendekoration arrangiere ich nicht in einer Vase, sondern in einer großen Schale mit einem Steckschwamm. Das sieht hübscher aus, und die Blumen bleiben sogar länger frisch. Dazu lege ich den Steckschwamm in die Schale, fülle diese mit Wasser auf und stecke die Blumen dann ganz nach Geschmack Reihe für Reihe hinein.

2

Ich verwende immer zwei Tischtücher übereinander. Das fühlt sich einfach besser an, wenn man am Tisch sitzt, und ist übrigens eine ungeschriebene Regel in jedem Adelshaus. Das Tischtuch bügle ich frisch auf, wenn es bereits auf dem Tisch liegt. So bekommt man die Oberfläche schön glatt und faltenfrei.

3

Für das Obst benutze ich gerne eine große Silberschale, deren Deckel ich umgedreht auf die Schale setze. Dann drapiere ich das Obst darauf. So muss man nicht die ganze Schale füllen und hat auch gleich noch ein schönes Deko-Objekt auf dem Tisch.

„Hier muss keiner die Schuhe ausziehen.
Meine Gäste sollen Druck, Stress
und Unangenehmes über Bord werfen.“

MIKAEL HORSTMANN

INTERVIEW MIT DEM KNIGGE-EXPERTEN

Jeder hat sein ganz eigenes Verständnis von Gastfreundschaft und Vorstellungen zu gewissen Regeln, die damit einhergehen. Knigge-Experte Mikael Horstmann kennt die Ursprünge und so einige Tricks und Kniffe, die den wahren Unterschied machen.

Mikael Horstmann und sein Großvater (im Arbeitsfrack als Kellner).

„Ein No-Go ist auch, Unruhe oder schlechte Laune zu verbreiten, wenn irgendwas nicht ganz nach Plan läuft."

1. Wie wurden Sie Knigge- und Etikette-Experte und warum liegt Ihnen das Thema am Herzen?
Das Thema Knigge und Etikette habe ich schon mit der Muttermilch eingesogen. Ich komme aus einer gastronomischen Familie; gelebte Gastfreundschaft war da fast täglich Programm. Ich selbst habe neben dem Studium in hochgastronomischen Betrieben, nach dem Studium im Eventmanagement und Protokoll unter anderem für ein Museum gearbeitet. Menschen sind soziale Wesen – und es gibt fast kein wichtigeres Thema als die Auseinandersetzung mit der Frage: Wie wollen wir miteinander umgehen? Und auch das wurde in meiner Familie vorgelebt: Offenheit und Ehrlichkeit, Respekt und Wertschätzung.

2. Dem „Knigge" von 1788 hängt oft etwas Staubiges an – wie haben sich diese Regeln bis heute verändert?
Das Problem mit dem Buch „Über den Umgang mit Menschen" zeigt sich schon in Ihrer Frage nach den Regeln. Knigges Buch ist kein Complimentir-Buch oder Etikette-Ratgeber, sondern eine gesellschaftliche Utopie aus der damaligen Sicht. Es geht um die Abschaffung der Aristokratie bzw. der höfischen Gesellschaft, hin zu einer demokratischen und wertschätzenden Gesellschaft, in der alle auf Augenhöhe miteinander agieren können. Im wahrsten Sinne des Wortes war Knigge „unhöflich", da ihm die höfische Gesellschaft immer mehr zuwider wurde. Regeln sind in Knigges Buch nur selten zu finden.

3. In unserem Buch dreht sich alles um Gastgeber: Was macht aus Ihrer Sicht einen guten Gastgeber aus?
Die wichtigsten Eigenschaften sind Herzlichkeit und Ruhe.

4. ... und was sollte tunlichst vermieden werden?
Gastgeber sollten darauf achten, sich nicht zu sehr zu stressen – und dann vielleicht gar keine Zeit zu haben, sich mit den eigenen Gästen zu unterhalten. Ein No-Go ist auch, Unruhe oder schlechte Laune zu verbreiten, wenn irgendwas nicht ganz nach Plan läuft.

5. Worauf ist beim Eindecken des Tisches zu achten?
Es gibt zwei Dinge, die in Harmonie gebracht werden müssen.
Zunächst muss ein Tisch benutzbar sein, das heißt: Die Gäste brauchen genug Platz (Abstand zwischen den Gedecken). Die Gäste müssen erkennen können, welches Tafelgerät für welches Gericht benutzt werden soll; der Tisch muss bedienbar sein, zum Beispiel müssen die Gläser so stehen, dass der Service ohne Probleme die Getränke einschenken kann. Und die Gäste müssen sich unterhalten können, also darf die Dekoration bei schmalen Tischen die Gesichter nicht verdecken.
Auf der anderen Seite muss ein gedeckter Tisch natürlich schön sein. Ich persönlich schätze Eindeckungen mit besonderem und schönem Geschirr, Besteck und Gläsern. Wenn Blumen und andere Tischdekoration von der Ödnis langweiligen Tafelgeräts ablenken sollen, ist etwas schiefgelaufen.

6. (Warum) Braucht man eine Tischordnung?
Eine Tischordnung ist wie eine gute Auswahl von Teilnehmern für eine spannende Podiumsdiskussion. Mit einer Tischordnung lassen sich interessante Menschen zusammenbringen, die sich vorher nicht kannten; es lassen sich Leute auseinanderhalten, die sich nicht leiden können oder sich nichts zu sagen haben. Eine gelungene Tischordnung fängt allerdings schon bei der Auswahl der Eingeladenen an.

7. Wie vermeidet man Stress in der Vorbereitung seiner Einladung?
Den meisten Stress würden die meisten Gastgebern vermeiden, wenn sie ihre Veranstaltungen eine Nummer kleiner planen könnten und würden.

8. Was tun, wenn ein Missgeschick passiert, das den Knigge-Umgangsformen widerspricht (zum Beispiel zu spät kommen, etwas vollkleckern, aufstoßen etc.)?
Zunächst einmal, ein Missgeschick nicht größer machen, als es ist. Auch hier gilt für diejenigen, denen es passiert oder die ein solches bemerken: Ruhe bewahren. Wenn jemand betroffen ist, zum Beispiel ein Fleck auf der Kleidung, entschuldigen und anbieten, ohne Einschränkung die entstehenden Kosten wie die Reinigung zu übernehmen.

3 WICHTIGE KNIGGE-GRUNDREGELN

für Gastgeber

1

Alle Gäste sind wichtig – niemanden ignorieren oder vergessen.

2

Stets Ruhe bewahren und Wärme ausströmen – egal, was passiert.

3

Gute Vorbereitung, auch mental, besonders auf das Unvorbereitbare, weil es unvorhersehbar ist.

PRO DUK TE

DER GROSSE PREIS
1. PREIS
DINEUS
TISCH
2022
DER TISCHKULTUR

ARTY CREATION

Wenn sich virtuose Kochkunst mit exquisiter Ästhetik wie in der kunstvollen Kollektion ARTY von Degrenne verbindet, bleiben bei Diners in geselliger Runde ganz bestimmt keine Wünsche offen.

Wer gerne ausgefallen und gut kocht, wird sich mit Sicherheit nicht nur Gedanken darüber machen, welche Speisenfolge und Zutaten es sein sollen und wo die beste Qualität erhältlich ist, sondern auch, wie sich gerade für außergewöhnliche Momente Gerichte besonders stilvoll und passend präsentieren lassen. Die Serie ARTY des französischen Geschirrspezialisten Degrenne gibt kunstaffinen Köchen und Gastgebern da eine Kollektion an die Hand, die an sich schon durch ihre außergewöhnliche grafische Gestaltung auffällt. Die von den Designern Mathilde Mandement und Lee West gestalteten Teller sind in den Grundfarben Schwarz oder Weiß gehalten und weisen jeweils im Kontrast dazu vier unterschiedliche grafische Elemente ebenfalls in Schwarz oder Weiß auf. Ob lässig gezogener Kreis, die Anmutung eines Pinselstrichs, einer modernen Skyline oder nach außen auslaufender Farbspritzer – die jeweils gebotenen grafischen Komponenten regen zu einer kreativen Auseinandersetzung mit ihnen an und laden dazu ein, Gerichte dazu passend zu arrangieren. So werden die Teller beinahe zu Leinwänden, die sich kunstvoll mit Leben füllen lassen und mit den servierten Köstlichkeiten ein beeindruckendes Gesamtkunstwerk bilden.

FIRMA
DEGRENNE

ADRESSE
1 RUE GUY DEGRENNE, 14500 VIRE, FRANKREICH

WEBSITE
WWW.DEGRENNE.FR

PRODUKT
ARTY CREATION

PRODUKTIONSORT
EUROPA

MARKTEINFÜHRUNG
2020

PREIS
SPEISETELLER 22 EUR, MINITABLETT 20 EUR, DESSERTTELLER 13 EUR, BOX MIT 6 DESSERTTELLERN 79 EUR

L'EMPREINTE

Erklärtes Ziel des Geschirr- und Besteckherstellers Degrenne ist es, seinen Kunden Produkte an die Hand zu geben, die sich für herausragende Momente im Leben ebenso eignen wie für den Alltag, aber stets den besonderen Lebensstil pflegen.

FIRMA
DEGRENNE

ADRESSE
1 RUE GUY DEGRENNE, 14500 VIRE, FRANKREICH

WEBSITE
WWW.DEGRENNE.FR

PRODUKT
L'EMPREINTE

PRODUKTIONSORT
VIRE, FRANKREICH

MARKTEINFÜHRUNG
2021

PREIS
24-TEILE-SET GLÄNZEND 420 EUR UND MATT 590 EUR

Gegründet im Jahr 1948, war der Anspruch des Unternehmens Degrenne zunächst, seine Besteckserien in ganz Frankreich bekannt zu machen. Das weitverbreitete Renommee eines der größten europäischen Hersteller von Bestecken ist Beleg dafür, dass dies zum einen gelungen ist, die Bekanntheit des Unternehmens und die Beliebtheit seiner Produkte aber nicht an den Landesgrenzen haltgemacht haben. Neben traditionellen und altbewährten Besteckserien wagt es Degrenne auch immer wieder, neue und ausgefallene Kreationen zu entwickeln, die in Design und Funktion herausragend sind und den jeweiligen Zeitgeist und Lifestyle widerspiegeln. Der Produktdesigner Lee West hat mit der außergewöhnlichen Besteckserie L´Empreinte in diesem Sinne eine moderne Besteckvariante erdacht, deren kennzeichnendes Merkmal zunächst ein nahezu skulpturales Erscheinungsbild ist. Durch seine ergonomische Beschaffenheit liegt das schwere Edelstahlbesteck darüber hinaus ausgesprochen gut in der Hand. Die elegante und moderne Serie L´Empreinte ist in einer matten sowie einer glänzenden Ausführung zu bekommen und lässt sich dadurch ganz nach Geschmack wunderbar mit dem eigenen Tafelservice kombinieren.

DER GROSSE PREIS
AUSZEICHNUNG
DINEUS
TISCH
2022
DER TISCHKULTUR

DER GROSSE PREIS
AUSZEICHNUNG
DINEUS
TISCH
2022
DER TISCHKULTUR

SD ONE GOLD

Die Geschirrserie SD ONE des französischen Herstellers Degrenne hat mit der Ergänzung SD ONE Gold eine hochwertige Bereicherung erfahren, die dem zeitlos eleganten Stil eine exquisite Note hinzufügt.

Bereits im 18. Jahrhundert begann die Geschichte der Porzellanherstellung in Limoges, und bis heute ist der Name des Ortes Inbegriff für feines, hochwertiges und allseits begehrtes Porzellan sowie außergewöhnliche Handwerkskunst. So überrascht es nicht, dass die in elegantem Weiß gehaltene Geschirrserie SD ONE des Traditionsunternehmens Degrenne ebendort mit bekannter und bewährter Kunstfertigkeit hergestellt wird. Die vom Architekten und Designer Sylvain Dubuison in runder und quadratischer Form entworfene Kollektion besticht durch ihre modernen, klaren Linien und ihre zeitlose Eleganz, die sie zu einem großartigen Dekorationselement auf jedem festlich gedeckten Tisch macht. Mit den neuen Speise- und Desserttellern SD ONE Gold wurde dieser bestehenden Kollektion eine besonders edel erscheinende Ergänzung zur Seite gestellt. Durch einen von Hand vergoldeten Teilbereich auf einer Seite der Teller erhalten diese eine besondere Wertigkeit und Eleganz und setzen auf jeder Tafel stilvolle und ins Auge springende Akzente. In der Kombination mit der klaren und zeitlosen Linie des Geschirrs empfiehlt sich SD ONE Gold für die ganz besonderen Momente und Feierlichkeiten, die es in geselliger Runde oder im intimen Rahmen zu feiern gibt.

FIRMA
DEGRENNE

ADRESSE
1 RUE GUY DEGRENNE, 14500 VIRE, FRANKREICH

WEBSITE
WWW.DEGRENNE.FR

PRODUKT
SD ONE GOLD

PRODUKTIONSORT
LIMOGES, FRANKREICH

MARKTEINFÜHRUNG
2021

PREIS
SPEISETELLER 65 EUR, DESSERTTELLER 55 EUR

BRUME

Mit der Steinzeugkollektion Brume hat der Geschirrhersteller Degrenne Schüsseln und Teller auf den Markt gebracht, die sich durch einnehmende Lebendigkeit auszeichnen und Freude beim Essen bereiten.

FIRMA
DEGRENNE

ADRESSE
1 RUE GUY DEGRENNE,
14500 VIRE, FRANKREICH

WEBSITE
WWW.DEGRENNE.FR

PRODUKT
BRUME

PRODUKTIONSORT
EUROPA

MARKTEINFÜHRUNG
2021

PREIS
SPEISETELLER 29 EUR,
DESSERTTELLER 23 EUR,
SCHÜSSEL 25 EUR,
KLEINE SCHÜSSEL 18 EUR

Inspiriert vom derzeitigen Food-Trend der bunt zusammengewürfelten Bowls, hat der Produktdesigner Lee West sein Augenmerk bei der Geschirrkollektion Brume darauf gerichtet, Schüsseln in zwei Formaten zu entwerfen, die sich für den täglichen Einsatz empfehlen und für ganz unterschiedliche Anwendungen eignen. Ein pfiffiger Clou dabei ist, dass die kleine Schüssel umgedreht auch als Deckel für eine andere kleine Schüssel verwendbar ist. Ergänzend weist die Serie des renommierten Geschirrherstellers Degrenne noch Teller in zwei verschiedenen Größen auf. Die geschwungene, ungleichmäßige Form sowohl der Schüsseln als auch der Teller vermittelt eine unaufdringliche Verspieltheit und animiert unweigerlich dazu, sie haptisch erfahren zu wollen. Unterstützt wird die natürliche Lebendigkeit des Steinzeuggeschirrs durch das spannende Spiel von matten und glänzenden Oberflächen. Verfügbar sind drei sanfte und zeitlose Farbtöne – Sable, Taupe und Rosé –, sodass das Geschirr einfarbig oder in harmonischen Kombinationen auf den Tisch gebracht werden kann. Eine kleine, aber feine Kollektion, die funktionelles Design mit ausgefallenen und ansprechenden Formen verbindet.

DER GROSSE PREIS
AUSZEICHNUNG
DINEUS
TISCH
2022
DER TISCHKULTUR

DER GROSSE PREIS
AUSZEICHNUNG
DINEUS
TISCH
2022
DER TISCHKULTUR

KASTEHELMI TUMBLER

Zeitlosigkeit, Qualität und Funktionalität sind seit 1881 die Eckpfeiler des Designs der Glasfabrik Iittala. Mit der Altglas-Kollektion setzt das Unternehmen nun ein Zeichen gegen Verschwendung und für Nachhaltigkeit.

Das Wort „Kastehelmi" bedeutet auf Finnisch „Tautropfen", und von diesen ließ sich die Designlegende Oiva Toikka im Jahr 1964 zur gleichnamigen Kollektion inspirieren. Auf der Suche nach Möglichkeiten, Verbindungsstellen im Glas zu verbergen, erfand er das bahnbrechende Tropfendesign, dessen Besonderheit die Kreise feiner Bläschen in dem gepressten Glas sind. Glasbläschen, die glitzern wie Tautropfen in der morgendlichen Sonne und jedem Glasobjekt durch das Spiel mit dem Licht und die fühlbare Oberfläche einen ganz eigenen Charakter schenken. Die Kollektion Kastehelmi wurde 2010 neu aufgelegt, und im Frühjahr 2019 erweiterte die Glasfabrik ihre anspruchsvollen Herstellungsprinzipien noch um einen weiteren Leitgedanken, der neben Zeitlosigkeit und Langlebigkeit der Produkte das Prinzip des Recyclings in den Fokus rückt. Als einer der ersten industriellen Hersteller weltweit produzierte Iittala für die Klassiker-Kollektion Kastehelmi einen mundgeblasenen Tumbler aus reinem Altglas. Klassisches Design und zukunftsweisende Herstellung verbinden sich zu einem feinen Trinkglas, das zu jeder Tischdekoration passt. Seit 2020 wurde das Sortiment von Iittala um einige Artikel aus 100 Prozent recyceltem Glas erweitert, sodass eine kuratierte Kollektion beliebter Iittala-Klassiker aus verschiedenen Jahrzehnten entstanden ist.

FIRMA
IITTALA

ADRESSE
**HÄMEENTIE 135 A,
00560 HELSINKI, FINNLAND**

WEBSITE
WWW.IITTALA.COM

PRODUKT
KASTEHELMI TUMBLER

PRODUKTIONSORT
IITTALA, FINNLAND

MARKTEINFÜHRUNG
2019

PREIS
25,90 EUR

POKÉ BOWLS

Ob für das Müsli zum Frühstück, den Salat als Begleiter oder das leckere Dessert – Schüsseln sind in jedem Haushalt vielfältig im Einsatz. Die wunderschönen Poké Bowls setzen da optische Akzente.

FIRMA
ASA SELECTION GMBH

ADRESSE
RUDOLF-DIESEL-STRASSE 3, 56203 HÖHR-GRENZHAUSEN

WEBSITE
WWW.ASA-SELECTION.COM

PRODUKT
POKÉ BOWLS

PRODUKTIONSORT
PORTUGAL

MARKTEINFÜHRUNG
2021

PREIS
16,90 EUR

Der neue Foodtrend Poké geht auf ein traditionelles hawaiianisches Gericht zurück, das verschiedene Zutaten wie Fisch, Reis oder Quinoa, Obst und Gemüse klein geschnitten in Schüsseln zusammenbringt. In Anlehnung daran haben die von Produktdesigner Aleks Samek für den Geschirrspezialisten ASA Selection entworfenen Schüsseln ihren Namen erhalten: Poké Bowls. Selbstverständlich eignen sich die in Portugal mit viel Leidenschaft von Hand gefertigten Schüsseln nicht nur für diesen angesagten One-Pot-Ernährungstrend, sondern auch für Salate, Obst, Knabbereien oder süße Leckereien. Mit einem Durchmesser von 18 Zentimetern und einer Höhe von 7 Zentimetern haben sie die optimale Größe für vielerlei Anwendungen. Die hochwertigen Unikate weisen sichtbare und spürbare Drehrinnen an den Schalenwänden auf, die von ihrem Herstellungsprozess erzählen. Zur Auswahl stehen vier verschiedene Glasuren – Quinoa, Tamari, Curaçao und Ginger –, die bei jedem Brand so unterschiedlich reagieren, dass kein Exemplar dem anderen genau gleicht. Einzeln, farblich einheitlich zusammengestellt oder als buntes Set, fügen sich die langlebigen und widerstandsfähigen Keramikschüsseln gut in unterschiedliche Gestaltungsstile ein und lassen sich bestens mit anderen Elementen der Tischdekoration kombinieren.

DER GROSSE PREIS
AUSZEICHNUNG
DINEUS
TISCH
2022
DER TISCHKULTUR

DER GROSSE PREIS
AUSZEICHNUNG
DINEUS
TISCH
2022
DER TISCHKULTUR

PALAU

Mit der innovativen und vielfältigen Geschirrserie Palau der Porzellanmanufaktur Reichenbach macht sich sommerliches Flair in jedem Esszimmer breit und lässt Urlaubsgefühle wieder aufleben.

Der Name Reichenbach ist seit dem Jahr 1830 eng mit Thüringer Porzellanmalerei verknüpft, und die Porzellanmanufaktur ist bekannt für ihre anspruchsvolle Handwerkskunst, die sich, gepaart mit modernem Design, zu hochwertigen Kollektionen verbindet. Eine Zierde für jeden Tisch sowohl im privaten als auch im gewerblichen Bereich. Eine besonders ausgefallene Kreation ist die Geschirrserie Palau, die Blau- und Weißtöne kombiniert und unterschiedliche Fischmotive, mal einzeln, mal im Schwarm, als Dekor zeigt. Ob ein sommerliches Essen mit Freunden im Garten oder eine stilvolle Mahlzeit am Essplatz, die Serie Palau verzaubert jeden Tisch und erzeugt mediterrane Stimmung und Sommergefühle. Neben dem feinen Porzellan, das mit einer glänzenden Glasur versehen ist, sind das Besondere die in die Glasur eingearbeiteten Biskuitflächen mit den kobaltfarbenen Dekoren, die sich nicht nur optisch abheben, sondern auch ein haptisches Erlebnis gewähren. Die kontrastreiche Kollektion umfasst verschiedene flache oder tiefe Teller in Weiß mit blauem Rand oder mit Fischmotiven sowie Platten, Schalen, einen Krug und Becher, die natürlich alle spülmaschinengeeignet sind. Eine gut kombinierbare Serie mit reizvollen Gegensätzen und vielfältigen Dekoren, die bei der Tischgestaltung kreative Ideen zulassen.

FIRMA
PORZELLANMANUFAKTUR REICHENBACH GMBH

ADRESSE
FABRIKSTRASSE 29, 07629 REICHENBACH

WEBSITE
WWW.PORZELLANMANUFAKTUR.NET

PRODUKT
PALAU

PRODUKTIONSORT
REICHENBACH

MARKTEINFÜHRUNG
2020

PREIS
30 EUR

COUPE PLATE

Mit der Kollektion Blueline knüpft das Traditionsunternehmen Royal Copenhagen an seine jahrhundertealte Tradition an und verbindet sie mit zeitgenössischem Stil und Design.

FIRMA
ROYAL COPENHAGEN

ADRESSE
PO BOX 1205 HÄMEENTIE 135A, 00560 HELSINKI, FINNLAND

WEBSITE
WWW.ROYALCOPENHAGEN.COM/EN-DE

PRODUKT
COUPE PLATE

PRODUKTIONSORT
THAILAND

MARKTEINFÜHRUNG
2021

PREIS
37,99 EUR

Bereits 1775 wurde die Königliche Dänische Porzellanfabrik gegründet, stand unter dem Patronat der Königswitwe Juliane Marie und hatte 50 Jahre das alleinige Privileg, Porzellan in Dänemark herzustellen. Die erste, bereits zu dieser Zeit entwickelte und kunstvoll per Hand bemalte Kollektion Musselmalet Gerippt ziert seitdem die Tische, und dies sowohl in ihrer ursprünglichen Form als auch in den durch sie inspirierten Abwandlungen. Klassische Geschirr-Ikonen, die Royal Copenhagen als einer der ältesten Porzellanhersteller Europas über Jahrhunderte in bewährter Qualität fertigt. In diesem Frühjahr hat das Unternehmen nun mit der Kollektion Blueline die neueste Interpretation der zeitlosen Riffelungen und eleganten hellblauen Pinselstriche herausgebracht. Sie besteht aus neun gerippten Porzellanteilen, die alle die charakteristische blaue Randlinie und den Logostempel tragen. Das minimalistische Design verkörpert zeitlose Eleganz und ist zugleich Ausdruck einer zeitgenössischen skandinavischen Schlichtheit. Die neue handgemachte und handbemalte Kollektion fügt sich aufgrund ihrer vornehmen Zurückhaltung in jede Umgebung ein und lässt sich nach Wunsch auch mit anderen Geschirrserien des Herstellers kombinieren.

ROYAL COPENHAGEN
DER GROSSE PREIS
AUSZEICHNUNG
DINEUS
TISCH
2022
DER TISCHKULTUR

DER GROSSE PREIS
AUSZEICHNUNG
DINEUS
TISCH
2022
DER TISCHKULTUR

TISCHTUCH JACQUARDGEWEBE HALBLEINEN UND SERVIETTEN REINLEINEN – FLEUR ROUGE ET NOIR

Leinen ist natürlich, hautfreundlich und verleiht, als Tischwäsche eingesetzt, jeder Tafel ein besonderes Flair. Schönheit, Tradition und hohe Qualität vereinen sich in dieser Tischwäsche der Leinenweberei Hoffmann.

FIRMA
HOFFMANN GMBH & CO. KG
LEINENWEBEREI SEIT 1905

ADRESSE
ZITTAUER STRASSE 23,
01904 NEUKIRCH/LAUSITZ

WEBSITE
WWW.LEINENWEBEREI-HOFFMANN.DE

PRODUKT
TISCHTUCH JACQUARDGEWEBE HALBLEINEN UND SERVIETTEN REINLEINEN – FLEUR ROUGE ET NOIR

PRODUKTIONSORT
NEUKIRCH/LAUSITZ

MARKTEINFÜHRUNG
1990

PREIS
CA. 85 EUR/QM

Die sächsische Leinenweberei Hoffmann bemüht sich seit 1905, die Tradition der Oberlausitzer Leinenherstellung, die seit Jahrhunderten in dieser Region beheimatet ist, fortzuführen und weiterzuentwickeln. Dabei sind Tradition, hoher Qualitätsanspruch an die Materialien sowie die Liebe zum Detail bestimmende Leitkriterien für die Produkte des Unternehmens, zu denen auch Tischtücher und Servietten zählen. Für diese Jacquard-Tischdecke wurden gemeinsam mit der Leinenmanufaktur von Kleist alte Muster aufgegriffen und zu neuem Leben erweckt. Das Tischtuch besteht aus Halbleinen (ca. 50 Prozent Leinen und ca. 50 Prozent Baumwolle) und besticht durch ein klassisches Muster, mit dem das ruhige Grau der Servietten aus 100 Prozent Leinen wunderbar harmoniert. Besonders wertig erscheinen die Servietten, da sie mit einem Hohlsaum versehen sind. Das Gewebe der Tischdecke wird auf einer Jacquard-Webmaschine mithilfe einer Lochkarte, auf der das Muster eingestanzt ist, hergestellt. Die unterschiedlichen Schussfarben Rot und Schwarz werden mithilfe der Jacquard-Einrichtung gesteuert und ergeben eine reliefartige Struktur. Die wunderschöne Tischwäsche bietet zeitloses Design für ganz besondere Anlässe oder um gemeinsame Mahlzeiten an jedem Tag zu einem kleinen Fest zu machen.

MESSERSERIE PINK SPIRIT

Die Spirit-Messerserie von Friedr. Dick hat Zuwachs bekommen. Neben der bereits existierenden roten Ausführung ist nun eine Variante in knalligem Pink auf dem Markt, die in der Küche für gute Laune sorgt.

FIRMA
FRIEDR. DICK GMBH & CO. KG

ADRESSE
ESSLINGER STRASSE 4-10, 73779 DEIZISAU

WEBSITE
WWW.DICK.DE

PRODUKT
MESSERSERIE PINK SPIRIT

PRODUKTIONSORT
DEIZISAU

MARKTEINFÜHRUNG
2021

PREIS
33-285 EUR

Egal, ob ambitionierter Hobbykoch oder Profi, das adäquate Rüstzeug für alle in der Küche anfallenden Schneidearbeiten ist essenziell, um beste Ergebnisse zu erzielen. Seit 1778 existiert das Unternehmen Friedr. Dick und hat sich auf die Herstellung hochwertiger Stahlwaren spezialisiert, zu denen auch anspruchsvolle Messerserien für unterschiedliche Anwendungen gehören. Die neue Serie Pink Spirit bietet als Varianten ein Kochmesser, ein Officemesser, ein Brotmesser und den japanischen Klassiker Santoku, die in einem praktischen Messerblock ihre Aufbewahrung finden. Bei den Messern verbindet sich jeweils eine Klinge aus hochlegiertem Stahl mit einem hygienischen, aufgepressten Kunststoffgriff in kräftigem Pink, der belebende Farbe und modernes Design in die Küche bringt. Zudem sind die Griffe harmonisch geformt, sodass sie sicher und gut in der Hand liegen und damit auch alle ergonomischen Anforderungen bestens erfüllen. Die Klingen sind extrem schlank ausgeschliffen und gleiten mithilfe der polierten Schneide besonders geschmeidig durch jegliches Schneidgut. Die gelungene Kombination aus qualitätvollen Messern und auffallendem Design ist das Erkennungsmerkmal dieser Serie, deren Protagonisten in jeder Küche die Blicke auf sich ziehen und Köche begeistern.

DER GROSSE PREIS
1. PREIS
DINEUS
KÜCHE
2022
DER TISCHKULTUR

SMEG
DER GROSSE PREIS
AUSZEICHNUNG
DINEUS
KÜCHE
2022
DER TISCHKULTUR

KAFFEEVOLL-AUTOMAT BCC02

Elegantes Design und modernste Technik – der stylische Kaffeevollautomat BCC02 von Smeg beeindruckt durch feinstes Aroma und ausgefallene Ästhetik.

Der italienische Hausgerätehersteller Smeg ist bekannt für Produktdesigns, die in Küchen auffällige Akzente setzen. Mit dem schlanken Kaffeevollautomaten BCC02 ist dem Unternehmen wieder eine elegante Augenweide gelungen. Klassisch in mattem Weiß oder Schwarz, in edlem Taupe oder kräftigem Rot fügt sich das Gerät in jeden Küchenstil ein und findet mit nur 18 Zentimeter Breite auch auf kleinen Arbeitsflächen Platz. Das Gehäuse aus mattem Kunststoff bildet einen schönen Kontrast zur Gehäusefront aus gebürstetem Aluminium mit glatt polierter Abschlusskante. Eine einnehmende Ästhetik, die ebenso überzeugt wie die gebotene Leistung. Denn der Kaffeevollautomat setzt auf modernste Technik und erzielt so erstklassige Brühergebnisse. Er verfügt über ein Edelstahl-Kegelmahlwerk mit stufenlos einstellbarem Mahlgrad und einen 1,4-Liter-Tank, aus dem Wasser mit 19 Bar Pumpendruck durch die Brüheinheit fließt. Dabei lässt sich die Wassermenge für jedes gewählte Getränk wie Espresso oder Americano anpassen und mithilfe der Edelstahldüse für Wasserdampf auch cremiger Cappuccino oder Latte macchiato zubereiten. Über Knopfdruck steht zudem Wasser für Tee oder zum Vorwärmen der Tassen bereit. Ein weiteres Plus: Dank des höhenverstellbaren Kaffeeauslaufs haben nicht nur verschiedene Tassenformate, sondern auch hohe Gläser darunter Platz. Ein Kaffeevollautomat, der höchste Ansprüche an Ästhetik, Funktionalität und vor allem Genuss erfüllt.

FIRMA
SMEG DEUTSCHLAND GMBH

ADRESSE
ERIKA-MANN-STRASSE 57,
80636 MÜNCHEN

WEBSITE
WWW.SMEG.DE

PRODUKT
KAFFEEVOLLAUTOMAT BCC02

PRODUKTIONSORT
ITALIEN

MARKTEINFÜHRUNG
2021

PREIS
679 EUR

CLOER 800MBX MENÜ BOX

Für alle, die gerne auch am Arbeitsplatz selbst gekochtes Essen genießen wollen, hat sich der Elektrokleingerätehersteller Cloer etwas besonders Pfiffiges und Nützliches einfallen lassen.

FIRMA
CLOER GERMANY GMBH & CO. KG

ADRESSE
VON-SIEMENS-STR. 12, 59757 ARNSBERG

WEBSITE
WWW.CLOER.DE

PRODUKT
CLOER 800MBX MENÜ BOX

PRODUKTIONSORT
DEUTSCHLAND/CHINA

MARKTEINFÜHRUNG
2019

PREIS
79,95 EUR

Jeder Berufstätige kennt das Problem: Als Mittagessen stehen wenig verlockendes Kantinenessen oder ungesunde, teure Snacks zur Wahl. Immer mehr Menschen setzen daher darauf, Essen selbst vorzukochen und in die Arbeit mitzunehmen. Das Unternehmen Cloer hat sich dieses Themas angenommen und als Hilfestellung eine ausgesprochen clevere Lösung erdacht. Die Cloer 800MBX Menü Box aus Kunststoff und Edelstahl macht es möglich, mitgebrachte Speisen im Nu am Arbeitsplatz zu erwärmen. Das Vorgehen dabei ist ganz einfach: Die im Lieferumfang enthaltene Lunchbox mit 1,2 Liter Fassungsvermögen wird zu Hause mit Essen bestückt. Am Arbeitsplatz wartet dann die Menü Box, die geöffnet und deren dafür vorgesehener Behälter mit Wasser gefüllt werden muss. Nach Entfernung des Deckels der Lunchbox wird diese in den Träger der Menü Box gestellt. Nun nur noch Deckel schließen, Gerät einschalten und die Mahlzeit wird mit Wasserdampf schonend erwärmt, sodass Vitamine, Mineralstoffe und Geschmack erhalten bleiben. Aufgrund ihrer kompakten Form lässt sich die Menü Box problemlos am Arbeitsplatz unterbringen und mit dem 1,3 Meter langen Stromkabel anschließen. Die praktische Menü Box ist Teil des Lunch Care Systems von Cloer, das weitere aufeinander abgestimmte Produkte rund um das Trendthema Meal Prep liefert.

DER GROSSE PREIS
AUSZEICHNUNG
DINEUS
KÜCHE
2022
DER TISCHKULTUR

DER GROSSE PREIS
AUSZEICHNUNG
DINEUS
KÜCHE
2022
DER TISCHKULTUR

CLOER 1898 PROFESSIONAL WAFFELEISEN

Kaffeebesuch sagt sich an und keine Zeit zum Backen? Mit dem Professional Waffeleisen des Elektrokleingeräteherstellers Cloer lassen sich im Handumdrehen leckere Köstlichkeiten zaubern.

FIRMA
CLOER GERMANY GMBH & CO. KG

ADRESSE
VON-SIEMENS-STR. 12, 59757 ARNSBERG

WEBSITE
WWW.CLOER.DE

PRODUKT
CLOER 1898 PROFESSIONAL WAFFELEISEN

PRODUKTIONSORT
DEUTSCHLAND/CHINA

MARKTEINFÜHRUNG
2020

PREIS
159 EUR

Wer schnell eine süße Leckerei für zwischendurch oder auch einen herzhaften Snack zubereiten möchte, der kann sich von zahlreichen Waffelrezepten inspirieren lassen. Und für eine sichere, einfache und gelungene Umsetzung empfiehlt sich das Cloer 1898 Professional Waffeleisen, das sowohl im privaten als auch professionellen Einsatz allen Anforderungen bestens gerecht wird. Die extragroßen Herzwaffeln mit 16,5 Zentimeter Durchmesser sehen nicht nur hübsch aus, sondern bieten zudem ausreichend Platz für zahlreiche Belagvarianten. Das mit 950 Watt leistungsstarke und robuste Waffeleisen aus hochwertigem, gebürstetem Edelstahl, Aluminium und schwarzem Kunststoff verfügt über eine doppelte Antihaftbeschichtung, die besonders zuckerresistent ist, auch bei häufigem Gebrauch keine Anhaftungen zulässt und ein fettarmes Backen ohne zusätzliches Einfetten erlaubt. Die wärmeisolierten Griffe und rutschfesten Gummifüße sorgen für ein sicheres Arbeiten. Der gewünschte Bräunungsgrad ist stufenlos wählbar, dazu zeigen ein optisches sowie ein akustisches Signal an, wann die Waffeln fertig sind. Durch ein innen liegendes Scharnier und eine Fettauffangrille ist der praktische Küchengehilfe zudem einfach zu reinigen. Ein besonders durchdachter Kniff ist die platzsparende Aufbewahrungsmöglichkeit, da das Gerät über eine patentierte Kabelaufwicklung problemlos verriegelt und dann auf dem Griff aufgestellt werden kann.

BARWAGEN

Dekoratives Gestaltungselement und praktischer Helfer in einem: Der Barwagen des Flensburger Traditionsunternehmens Robbe & Berking besticht durch sein Design, das beeindruckende Optik und Funktionalität gelungen vereint.

FIRMA
ROBBE & BERKING SILBER-MANUFAKTUR SEIT 1874 GMBH & CO. KG

ADRESSE
ZUR BLEICHE 47, 24941 FLENSBURG

WEBSITE
WWW.ROBBEBERKING.COM

PRODUKT
BARWAGEN

PRODUKTIONSORT
FLENSBURG

MARKTEINFÜHRUNG
2021

PREIS
4900 EUR

Die großformatigen Räder aus Thermoesche ziehen als Erstes den Blick auf sich, dann wandert das Auge über den ebenfalls in Thermoesche gehaltenen Korpus zum oberen Tablett, das mit schwarzen Fugen versehen ist und an das Teakdeck einer eleganten Jacht erinnert. Als besonderer Hingucker ist die mittlere Fuge aus Neusilber gestaltet. Unterstützt wird dieser luxuriöse Eindruck durch eine mit Nappaleder ummantelte Edelstahl-Reling, die auch dem unteren Tablett des in Handarbeit gefertigten Barwagens einen Rahmen verleiht. Schon längst haben Servier- und Barwagen den etwas angestaubten Charakter, der ihnen lange anhaftete, hinter sich gelassen und in den vergangenen zwei Jahren weltweit ein Comeback gefeiert. Neben der Funktionalität haben kreative und dem Zeitgeschmack angepasste Gestaltungen sie zu trendigen Designaccessoires gewandelt, wofür der Barwagen von Robbe & Berking ein gelungener Beleg ist. Der doppelstöckige Servierwagen sieht aber nicht nur wunderschön aus. Kunstbücher, Pflanzen oder kleine Deko-Elemente können darauf stilvoll in Szene gesetzt werden, und er lässt sich, mit edlen Getränken, Flaschen und entsprechenden silbernen Gefäßen bestückt, als elegante Bar oder bei Festen oder Essen mit Geschirr und nützlichen Utensilien als mobiler Servierwagen nutzen.

DER GROSSE PREIS

1. PREIS

DINEUS

INTERIOR

2022

DER TISCHKULTUR

DER GROSSE PREIS
AUSZEICHNUNG
DINEUS
INTERIOR
2022
DER TISCHKULTUR

KOIKOI

Ob mondänes Loft, gemütliches Landhaus oder asiatisch angehauchte Einrichtung, die farbenfrohen KoiKoi-Vasen der Porzellanmanufaktur Reichenbach bereichern jedes Ambiente.

Wer auf der Suche nach ausgefallenen Vasen ist, die nicht nur ihre Funktion bestens erfüllen, sondern auch als extravagante Deko-Elemente in Erscheinung treten, wird bei den Vasen, die die Designerin Paola Navone für die Porzellanmanufaktur Reichenbach gestaltet hat, sicherlich fündig. Inspiriert von Koi-Karpfen, hat sie den Fisch als Form gewählt, da dieser Freiheit symbolisiert und in vielen Teilen der Welt für Glück und Wohlstand steht. Bereits für das Jahr 2020 wurden die jeweils aus drei Fischen zusammengefügten Koi-Koi-Vasen in unterschiedlichen Farben hergestellt. Da der Anspruch ist, für jedes Jahr ein neues Dekor zu kreieren, wurde für 2021 eine zweite Edition entworfen, die wiederum limitiert ist auf ein Jahr. Die Neuauflage der erfolgreichen Porzellanvasen ist in stilvollem Grau, frischem Hellblau und einer weißen Variante mit orangefarbenen Punkten erhältlich und überzeugt erneut durch handwerkliche Perfektion in der Herstellung. Die Farbe wird mit Schwamm gestupft, Flossen, Mundrand, Augen sowie die Goldverzierungen sind handgemalt. Mit ihrem frischen und ungewöhnlichen Erscheinungsbild sind die Vasen in der Größe von 26 x 16 Zentimetern universell in vielen Interieurs einsetzbar und verbinden sich mit dem in ihnen arrangierten Blumenschmuck je nach Auswahl zu herrlich bunten, frechen oder auch eleganten Gestaltungselementen.

FIRMA
PORZELLANMANUFAKTUR REICHENBACH GMBH

ADRESSE
FABRIKSTRASSE 29, 07629 REICHENBACH

WEBSITE
WWW.PORZELLANMANUFAKTUR.NET

PRODUKT
KOIKOI

PRODUKTIONSORT
REICHENBACH

MARKTEINFÜHRUNG
2020

PREIS
200 EUR

IMPRESSUM

CALLWEY
SEIT 1884

©2022 Callwey GmbH
Klenzestraße 36
80469 München
buch@callwey.de
Tel.: +49 89 8905080-0
www.callwey.de

Wir sehen uns auf Instagram:
www.instagram.com/callwey

ISBN: 978-3-7667-2570-7
1. Auflage 2022

Bibliografische Information der Deutschen Nationalbibliothek

Die Deutsche Nationalbibliothek verzeichnet diese Publikation in der Deutschen Nationalbibliografie; detaillierte bibliografische Daten sind im Internet über <http://dnb.d-nb.de> abrufbar.

HINTER DEN KULISSEN

Sie lassen es sich alle gerne schmecken, unsere Promis. Doch ein richtiges Faible für Gastgebertum pflegen nur wenige, wie sich bei der Recherche offenbarte. Denn Tischkultur bedeutet so viel mehr als Kochen und Essen: Herzlichkeit, Passion und eine Prise Lässigkeit braucht es auch. Die Damen und Herren in diesem Buch haben für herrliche, erinnerungswürdige Szenen gesorgt und dürften uns immer wieder gerne zu Tisch bitten.

DIE AUTORIN

Julia Dettmer saß als Chefredakteurin von BUNTE.de mit vielen prominenten Interviewpartnern am Tisch, bevor sie sich 2020 als Autorin, Sprecherin und Promi-Expertin selbstständig machte. Privat ist sie gerne Gastgeberin geselliger Abende, das Kochen überlässt sie dabei aber lieber ihrem Mann.

Dieses Buch wurde in
CALLWEY-QUALITÄT
für Sie hergestellt:

Beim Inhaltspapier haben wir uns für ein MagnoMatt in 150 g/m² entschieden – ein matt gestrichenes Bilderdruckpapier. Die gestrichene, mattierte Oberfläche gibt dem Inhalt einen edlen und hochwertigen Charakter. Die Hardcover-Gestaltung auf dem Bilderdruck, wird mit einem UV Spotlack und einer bedruckten Kaltfolie veredelt.
Dieses Buch wurde in Deutschland gedruckt und gebunden bei optimal Media, Röbel/Müritz.

VIEL FREUDE MIT DIESEM BUCH WÜNSCHEN IHNEN:

Projektleitung: Johanna Böshans
Lektorat: Asta Machat
Produkttexte: Caroline Kazianka
Schlusskorrektur: Constanze Lüdicke
Art Direktion: Mario Lombardo
Gestaltung & Satz: Sina Chakoh
Cover: Anna Schlecker
Koordination der Fotoproduktionen: Anna Seidel
Herstellung: Leah Tanzer und Dominique Scherzer

BILDNACHWEISE:

Frank Puentes: Coverfoto, S. 32–41; Lisa Hantke: S. 6, 12–21, 130–139; JUNI Fotografen (Nikolas Hagele/Julia Schmidt): S. 22–31, 42–61, 82–91, 110–129, Buchrückseite: links oben, rechts oben, rechts zweites Bild von unten, rechts unten; Bettina Theuerkauf: S. 62–71, Buchrückseite links unten; Ulrich Hartmann: S. 72–81; Julia Werner: S. 92-101, Buchrückseite rechts zweites Bild von oben; Massimo Tessandori Bernini: S. 102–109; Mikael Horstmann: S. 140, 142; Robbe & Berking Silbermanufaktur seit 1874 GmbH & Co. KG: S. 146; ASA Selection GmbH: S. 149; Friedr. Dick GmbH & Co. KG: S. 150; Cloer Germany GmbH & Co. KG: S. 153, 165; Ittala: S. 154; Porzellanmanufaktur Reichenbach GmbH: S. 157, 158; Hoffmann GmbH & Co. KG: S. 161; Royal Copenhagen: S. 162; Degrenne: S. 166, 169, 170, 174; Smeg Deutschland GmbH: S. 173; JUNI Fotografen (Nikolas Hagele/Julia Schmidt): Vorsatz und Nachsatz

CALLWEY
MIT LIEBE UND SORGFALT BEGLEITET VON
SEIT 1884